Heinrich Kalbfuss

Eros der späten Jahre

*Betrachtungen zu Liebe und
Sexualität im Alter*

Die Deutsche Nationalbibliothek verzeichnet diese Publikation in der Deutschen National-biografie; detaillierte bibliografische Daten sind im Internet unter http://dhb.d-nb.de abrufbar.

© 2009 Heinrich Kalbfuss

Herstellung und Verlag
Books on Demand GmbH, Norderstedt

ISBN 978-3-8370-8196-1

Inhaltsverzeichnis

Freundschaft mit Eros

oder: Warum dieses Buch entstand

Jeder weiß es: Eros ist der Gott der Liebe. Nicht jeder weiß, dass ihn der griechische Dichter Hesiod im 7. vorchristlichen Jahrhundert als den schönsten der Götter besingt. Eigentlich ist er der Sohn des Chaos, entstanden aus der unendlichen Leere des Universums. Und mit Hesiod darf man also schließen, dass Eros fast so alt ist wie die Menschheit. Spätere Tradition machte die Göttin der Liebe und Schönheit, nämlich Aphrodite, zu seiner Mutter. Als Väter galten - nach verschiedenen Versionen - entweder Zeus selbst, also der Götterkönig, oder der Kriegs- und Schlachtengott Ares, aber gelegentlich auch Hermes, der Götterbote. Das Heiligtum des Eros befand sich an der Nordmauer der Akropolis in Athen.

Eros ist ein Gott, mithin ist die Liebe göttlich, eine göttliche Botschaft an das menschliche Herz (Hermes), aber auch unter Umständen ein Kriegsschauplatz mit der Gefahr von Verwundung und Tod (Ares). Die klugen Griechen haben die Überzeugung aller großen Dichter der Menschheit und der Verliebten aller Zeitalter vorweggenommen: »Die Liebe ist eine Himmelsmacht«.

Von Eros stammt die Erotik, die Liebesbrunst und die Liebeskunst, die sich nicht in der Sexualität erschöpft, aber eben doch wohl aus ihr die ungeheure Dynamik bezieht. Erotik ist nicht auf Jugend und Reifezeit beschränkt, sie begleitet unser ganzes Leben bis ins hohe Alter, ebenso wie der Gott Eros von Pothos und Himeros, von Sehnsucht und Verlangen, begleitet war.

Es geht um Liebe und Sexualität im höheren Lebensalter. Schon in den 60er Jahren fiel mir ein Buch in die

Hände, das mir den Anstoß zur vorliegenden Arbeit gegeben hat. Es heißt »Sex nach sechzig« und wurde geschrieben von Dr. Isadore Rubin. Rubin erläutert das Motiv seines Schreibens: »Es liegt nicht in der Absicht dieses Buches, alte Menschen zu dem Versuch zu verleiten, sich mit jugendlicher Inbrunst und Begeisterung sexuell zu betätigen. Es will vielmehr die für unsere gesamte Gesellschaft notwendige Erkenntnis betonen, dass Sex im Alter normal ist; es will sich für das Recht des älteren Menschen einsetzen, seiner Sexualität frei und ohne Schuldgefühl Ausdruck zu verleihen, und es möchte die Hindernisse im Denken der Menschen beseitigen, die dem höchsten und schöpferischsten Ausdruck dieser Sexualität im Wege stehen«.

Dem habe ich nichts hinzuzufügen. Es sei denn ein Wort darüber, warum mir bei der stetig wachsenden Zahl von Veröffentlichungen über Alterssexualität noch ein weiteres – eben dieses vorliegende - Buch sinnvoll erscheint. Ich fühle mich als älterer Mensch behelligt durch die zahllosen Umfragen, die angeblich Auskunft über das Sexualverhalten von 'Senioren' geben. Prof. Volkmar Sigusch, Sexualwissenschaftler an der Universität Frankfurt, hat das mit erfrischender Schärfe so ausgedrückt: »Sexualität als autonomes Feld bearbeiten heißt, sie zu einem Objekt des Forschens und Behandelns machen nach der gesellschaftlichen Manier des Abstrahierens, des Trennens und des Bruchs.

So, als Firlefanz, passt Sexualforschung vorzüglich ins allgemeine Geschäft. Und namentlich die US-Amerikaner belästigen uns jeden Tag mit Variationen zum Thema 'Wie die Sexualforschung im Zuge imperialistischen Kulturverfalls immer läppischer wird'. Das Aufschütten unverbundener Daten und anschließende Herumstochern in ihnen sollte uns kalt lassen«.

Ja, das sollte es wirklich, und davon wird man im Folgenden kaum etwas erfahren. Es wird gleichwohl einige wenige Aussagen älterer Menschen zu ihrer Sexualität geben, mehr als verbal-kosmetische Illustration, denn was beweisen sie eigentlich? Bei Umfragen wird nie mehr gelogen als beim Thema Sexualität, die Antworten entziehen sich aus nahe liegenden Gründen jeder Nachprüfung. Den Gegenpol bilden gut gemeinte Ratgeberbücher, deren Inhalt meist aus recht allgemeinen Empfehlungen und höchst persönlichen, daher auch unverbindlichen Meinungen ihrer Verfasser besteht. Eine dritte idealtypische Kategorie ist die rein wissenschaftlich gemeinte Literatur wie z.B. der Band »Erfolgreiches Altern«, Bericht über das Symposion der Deutschen Gesellschaft für Gerontologie 1988. Alterssexualität kommt darin nicht vor, aber es gibt brillante Artikel über einzelne Alternsaspekte, leider in einer äußerst vertrackten Sprache.

Ein Beispiel für viele: »Die empirische Analyse lebensgeschichtlicher Erzählungen entdeckt tragfähige Restitutionen der zukünftigen Lebenszeitdimension in der Vernetzung konkreter, alltagsweltlicher Umstands-, Ereignis- und Erwartungsfelder.

Diese sind thematische Felder wie Familie, Berufs- und Arbeitsleben und auch direkt dem Kranksein als Erfahrung eines Trajekts zugeordnet und leisten jeweils spezifische Beiträge der Erfahrungskonstitution«.

Solche verblasenen Texte legen einen Übersetzungsversuch nahe und der könnte etwa lauten: Wie ein älterer Mensch seinen eigenen Alterungsprozeß erlebt, hängt von seiner Biographie und der Verarbeitung seiner vielfältigen Lebensschicksale und Lebenserwartungen ab.

Das wäre allerdings ziemlich banal und keiner weiteren Ausführung wert.

Dieses Buch ist weder wissenschaftlich noch enthält es Ratschläge oder Empfehlungen. Es schildert verschiedene Betrachtungsweisen des Alterns, möchte da und dort informieren, wo ein Wissensbedürfnis vermutet werden kann, und soll vor allem älteren Menschen Mut machen zur individuellen Akzeptanz ihrer Sexualität. Es geht um Respekt vor der persönlichen Einstellung zur mit uns alternden Liebesfähigkeit in all ihren Spielarten, um die Emanzipation vom angeblich Allgemeinverbindlichen, das es gar nicht gibt.

Das Buch enthält eine stattliche Anzahl von Zitaten. Der Verfasser möchte damit nicht seine Belesenheit beweisen, sondern etwas ganz anderes. Es geht um Probleme, die schon den Autoren der Bibel und dem gesamten klassischen Altertum bekannt waren. Sie wurden durch die Jahrhunderte bis in die Gegenwart immer wieder aufgegriffen. Es handelt sich um zutiefst menschliche Probleme, und sie werden die Menschheit gewiss bis zu ihren letzten Tagen begleiten. Die Zitate sind nicht mehr urheberrechtlich geschützt, man kann sie also nach Belieben sowohl zum eigenen Nachdenken wie auch zur Belebung von Partygesprächen benutzen.

Wenn bei der Lektüre manchmal ein Lächeln über die geschilderten Ansichten und Verhaltensweisen, aber eben auch über die eigene Einstellung zur Sexualität im Alter sich über das Gesicht des Lesers legte, würde es den Autor herzlich freuen.

Altern - ein Defizitmodell ?

Robert Burns, neben Sir Walter Scott wohl der größte schottische Dichter, schilderte vor mehr als 200 Jahren in seiner Elegie »John Anderson, my Jo« ein altes Paar, dessen Sinneslust erloschen ist. Die beiden haben Seite an Seite den Berg des Lebens erklommen und einst Stunden voller Wonne genossen; jetzt müssen sie, unsichern Schritts, doch Hand in Hand, miteinander dem Weg folgen, der sie dem Ziel der Reise entgegen führt. Simone de Beauvoir, die in ihrem Buch »Das Alter« auf dieses Gedicht eingeht, sieht darin ein schablonenhaftes Bild, das sich »jüngeren wie reiferen Menschen tief eingeprägt« hat, »da sie ihm in ihren Jugendbüchern nur allzu häufig begegnet sind und der Respekt vor ihren Großeltern sie von seiner Wahrheit überzeugte«.

Aber der amerikanische Psychotherapeut Isadore Rubin (»Sexual life after sixty«; deutsch: »Sex nach sechzig«) belehrt uns, dass die Originalfassung des Gedichts ein altes schottisches Volkslied ist, zu unzüchtig, um einen Platz in den Lyriksammlungen zu finden. »Die ursprüngliche Version besteht in der Klage einer Alten über die sexuelle Unfähigkeit ihres Mannes. Die Frau, weit davon entfernt, den ,Segen des Himmels' auf das greise Haupt ihres Mannes herabzuflehen, beklagt sich über sein erlahmendes sexuelles Interesse und seine schwindenden Fähigkeiten. Sie erinnert ihn an die leidenschaftlichen Umarmungen ihrer Jugend und schilt, dass er am Abend so lange zögert zu Bett zu gehen, bis er vor Müdigkeit kaum die Augen aufhalten kann. Sie klagt darüber, dass die Virilität ihres Mannes der Vergangenheit angehöre und er oft ihrer ,helfenden Hand' bedürfe. In dieser Version lässt sie keinen Zweifel daran, dass sie keineswegs die Absicht hat, dem Ende ihres

Lebens in einem leidenschafts - und geschlechtslosen Alter entgegen zu wanken«.

Es gibt eine immer noch zunehmende Flut von Büchern, die - teilweise mit riesigem Aufgebot an Statistik - uns versichern, dass höheres Lebensalter ein erfülltes Geschlechtsleben nicht ausschließt. Das ist gewiss so, aber dennoch überwiegt das Defizitmodell des Alterns. Zahlreiche Texte aus der griechischen wie römischen Literatur deuten darauf hin, dass es sich um ein sehr altes Klischee handelt. Horaz schreibt: »Das traurige Alter kommt; es vertreibt die mutwillige Liebe und den leicht gefundenen Schlaf«. Juvenal klagt in seiner zehnten Satire: »Welcher Serie von Leiden - und was für Leiden! - ist ein hohes Alter unterworfen! Da ist zuerst das entstellte, scheußliche, unkenntliche Gesicht; statt der Haut dieses hässliche Leder, diese hängenden Backen, diese Runzeln gleich jenen, die eine Affenmutter in den düsteren Wäldern Thabarkas um ihr altes Maul kratzt... Die Alten sind alle gleich; ihre Stimme zittert wie ihnen die Glieder zittern; kein Haar wächst mehr auf dem kahlen Schädel; ihre Nase ist feucht wie bei kleinen Kindern. Sein Brot kann der arme Alte nur mit zahnlosem Kiefer zermalmen. Er ist seiner Frau, seinen Kindern und sich selbst dermaßen zur Last, dass er sogar einen Erbschleicher abstoßen würde. Was die Liebe betrifft, so hat er sie schon seit geraumer Zeit vergessen«. Kein Zweifel, dass es solche Menschen in der Antike gab und man findet sie ja auch noch heute.

»Die Alten sind alle gleich«, meinte Juvenal, und das stimmt selbstverständlich nicht, wie es nie gestimmt hat. Wir haben es mit einem Klischeebild zu tun, dem Defizitmodell, beherrscht von der Vorstellung, dass Alter einzig durch körperlichen und geistigen Abbau gekennzeichnet ist. Wer sich heute unter jüngeren Menschen umhört, erfährt von der Angst vor diesem altersbedingten Verfall. Jeder möchte möglichst lange leben, aber um Himmelswillen nicht altern ...

Die großen Autoren der Antike schwelgen in Beschreibungen des Altersverfalls. Im sinnenfrohen, hedonistischen Ionien klagt Mimnermos, Priester in Kolophon um 630 v. Chr : »Was ist das Leben, was die Freude ohne die goldene Aphrodite? - Wenn einmal das schmerzliche Alter da ist, das den Menschen hässlich und unnütz macht, so verlassen die bösen Sorgen sein Herz nicht mehr und die Strahlen der Sonne spenden ihm keinen Trost. Er ist den Kindern widerwärtig und die Frauen verachten ihn«. - Horaz skizziert eine liebestolle Alte: »Dein Zahn ist schwarz. Eine uralte Greisenhaftigkeit durchfurcht deine Stirn mit Runzeln; deine Brüste sind schlaff wie die Zitzen einer Stute. Welch einen Schweiß, welchen Geruch dünsten all ihre schlappen Glieder aus«.

Ovid ahnt das künftige Bild der Geliebten voraus: »Diese bezaubernden Züge werden sich mit der Abnutzung der Jahre verändern; welk durch die vergehende Zeit, wird diese Stirn von Falten durchfurcht sein; diese Schönheit wird eine Beute des unerbittlichen Alters, das Schritt für Schritt lautlos voranschreitet. Man wird sagen: Sie war schön. Und da klagest du, beschuldigst du deinen Spiegel der Untreue«.

Schönheit als »Beute des unerbittlichen Alters«, das gilt, wenn das Schönheitsideal auf Jugendlichkeit fixiert ist, vor allem auf einen ideal proportionierten, perfekten Körper.

Die klassischen Altersstereotypen schildern mit beißendem Spott den Verfall der Frau und den zwar geilen, aber impotenten Greis. Mit diesem Defizitmodell ist zwangsläufig die Vorstellung des Auseinanderdriftens von sexuellem Wünschen und Können verbunden bis zur Behauptung der ‚Asexualität‘ des Alters, in dem sexuelle Aktivität überdies als unschicklich und unangemessen empfunden wird. Diese weit verbreitete Meinung ist eingebettet in tief verwurzelte Vorurteile von Isolation und Vereinsamung älterer Menschen, ihrer Abhängigkeit und Hilfsbedürftigkeit. Trotz ‚Grauer Panther‘ und der Beschwörung eines positiven Bildes der ‚neuen Alten‘ behauptet sich das Defizitmodell. Altern gilt als »pathologische Variante der Norm menschlichen Verhaltens« (U.Lehr), als Abstieg, Abbau, Verlust.

Ein Beispiel aus dem bis in die jüngste Gegenwart gebräuchlichen Lesebuch für das 3.Schuljahr »Bausteine Deutsch«: »Jans Großmutter lebt allein in einer Etagenwohnung. An manchen Tagen malt sie an ihrem Küchentisch ein Bild. ‚Das macht mich fröhlich‘, sagt sie. Oft sitzt die Großmutter stundenlang am Fenster und sieht hinaus. Die Straßenbahnen quietschen, die Autos sausen vorbei und die Menschen haben es eilig. Großmutter hat Zeit«. Großmutter isst langsam: »Und dabei erzählt sie von der Zeit, als sie ein Kind war«. Großmutter geht einkaufen: »Umständlich zieht sie ihren Mantel an, eine Weile sucht sie nach den Handschuhen und endlich findet sie auch den Schirm. Großmutter geht langsam und passt auf, wohin sie tritt«. Sie hat daheim die Brille verlegt. »Warum ist Großmutter so vergesslich? Mit Großmutter kann man überhaupt nichts mehr anfangen«. Die Mutter sagt: »Ja, Großmutter ist älter geworden. Sie braucht jetzt viel Zeit, genau wie andere alte Menschen«.

In diesem Text findet sich eine stattliche Reihe von Klischees, die ein negatives Bild vom Altern tradieren, das bei vielen jungen Lesern auf Kopfschütteln stoßen wird. Sie erleben ihre Omas ganz anders; viele der heutigen Großmütter sind noch berufstätig, unternehmen ausgedehnte Reisen und sind durchaus nicht widerspruchslos bereit, ausschließlich die klassische Rolle des Enkelhütens zu übernehmen.

Dennoch, die Analyse vieler Lesebücher ergibt das Bild von vorwiegend hilflosen, linkischen, vergesslichen und einsamen alten Menschen. Die Gerontologin Ursula Lehr resümiert (»Psychologie des Alterns«): »Beschreibungen, die eine gewisse Verantwortlichkeit, Erfahrung, Abgeklärtheit und Weisheit oder auch nur eine Lebenstüchtigkeit oder gar eine Leistungsfähigkeit erkennen lassen, machen nicht einmal 8% der Beschreibungen alter Menschen aus, wie sie durch Lesebuchstücke Kindern im 4. Schuljahr vorgestellt werden«.

Jeder kennt die Behauptung, man sei so alt wie man sich fühlt. Aber wodurch entsteht z.B. das Gefühl, man habe sich in höheren Lebensjahren gerade so und nicht anders zu verhalten? - Das hängt entscheidend davon ab, wie sich die Gesellschaft und die unmittelbare Umwelt zum Altern verhält.

Untersuchungen über Jugendsexualität haben ergeben, dass bei jungen Menschen eindrucksvoll liberale Einstellungen einem überaus konservativen Verhalten gegenüber stehen. Die Mehrzahl der befragten älteren Menschen lässt ähnliches erkennen: Sexualität und Erotik im höheren Lebensalter werden durchaus bejaht, aber vieles deutet darauf hin, dass die energische Beteuerung dieser Meinung eigentlich nur den vermuteten Erwartungen des Befragers entsprechen soll.

Denn das eigene Sexualverhalten ist eher zurückhaltend,

wobei geschlechtsspezifische Unterschiede eine wichtige Rolle spielen, wie wir noch sehen werden.

Kirsten von Sydow (»Die Lust auf Liebe bei älteren Menschen«) referiert empirische Arbeiten zum Thema ,Sexualität im Alter'. Ältere Menschen haben danach mehrheitlich den Eindruck, dass sie in der Gesellschaft als asexuell gelten - und sie verhalten sich danach. Die Hälfte der älteren und jüngeren Befragten meint, das ,Geschlechtliche' sei für ältere Menschen nicht mehr wichtig. In höheren Altersgruppen ist die Haltung zur Sexualität eher negativ getönt. Der Wendepunkt liegt offenbar um das 70. Lebensjahr, denn ab diesem Alter dominieren sehr resignative Positionen. Zwei Drittel der jüngeren wie der älteren Befragten meinten in der Untersuchung, auf die sich v. Sydow bezieht, sie fänden es lächerlich, wenn zwei ältere Menschen Händchen halten; beinahe jeder Zweite betrachtete es als komisch, wenn ein älterer Mensch versucht, auf das andere Geschlecht anziehend zu wirken.

Altern als Verfall, Alterssex als unästhetische Groteske: diese Einstellung hat eine lange Tradition, und immer kommen die Frauen noch schlechter davon als die Männer. Der große Humanist Erasmus von Rotterdam spottet: »Diese verfallenen Frauen, diese wandelnden Leichname, diese stinkenden Gerippe, die überall einen Grabesgeruch verbreiten und dabei alle Augenblicke ausrufen: ,Nichts ist so schön wie das Leben'. . . Bald zeigen sie ihre schlaffen und widerlichen Brüste, bald versuchen sie die Kraft ihrer Liebhaber durch das Gekreisch ihrer zittrigen Stimmen zu beleben«.

Geoffrey Chaucer, der wohl größte englische Poet vor Shakespeare, schrieb im Alter von nur fünfzig Jahren in seinen ,Canterbury Tales':

„Ich fürchte, mit uns Alten ist es so:

Wir können nicht, bis wir verfault sind, reifen.

Wir tanzen stets, solang die andern pfeifen.

Die Lust steckt immer in uns und will blühn,

der Kopf ist weiß, doch bleibt der Stengel grün so

wie beim Lauch; ist uns die Kraft vergangen,

vergeht doch nicht das Wollen und Verlangen.

Geht's mit der Tat nicht,

geht's doch mit dem Wort.

Das Feuer glimmt in alter Asche fort."

1998 wurde übrigens die Erstausgabe der 'Canterbury Tales' von 1476 bei einer Auktion für 13,5 Millionen Mark verkauft und ist damit 'wertvoller' als eine Gutenberg - Bibel von 1455, die 'nur' 9,55 Millionen Mark brachte. Was mag den Käufer gereizt haben? – Waren es die kraftvollen Verse und spitzbübischen Erzählungen in diesem einzigartigen Spiegelbild der englischen Gesellschaft im 15. Jahrhundert? War es pure Spekulation eines Literaturliebhabers in der Absicht eines lukrativen Weiterverkaufs? War es vielleicht die Freude am Defizitmodell?

Auch bei Shakespeare selbst finden wir grotesken Spott auf den alten Mann (aus »Wie es euch gefällt«, 2. Aufzug, 7. Szene):

„Das sechste Alter

macht den besockten, hagern Pantalon,

Brill' auf der Nase, Beutel an der Seite,

die jugendliche Hose, wohl geschont,

'ne Welt zu weit für die geschrumpften Lenden; die

tiefe Männerstimme umgewandelt

zum kindischen Diskante, pfeift und quäkt
in feinem Ton. Der letzte Akt, mit dem
die seltsam wechselnde Geschichte schließt,
ist zweite Kindheit, gänzliches Vergessen,
ohn' Augen, ohn' Zahn, Geschmack und alles."

Es ist modisch geworden, für das Defizitmodell des Alterns entweder ‚die moderne Gesellschaft' oder ‚die Medien' mit ihrer Idolisierung von Jugend, Spannkraft, Dynamik, Frische und reizvoller Körperlichkeit anzuklagen. Tatsächlich fällt beispielsweise in der Werbung auf, dass alte Menschen vorwiegend als Verteiler von Kräuterbonbons und als Konsumenten fragwürdiger ‚Stärkungsmittel' vorkommen. Diese Verkürzung und Simplifizierung der weit gespannten Lebensrealität ist an sich eher dumm bis komisch; die unbestreitbare Wirkung dagegen entsteht wohl dadurch, dass ältere Menschen ihr eigenes Erleben darin widergespiegelt sehen und das Bild des Altersabbaus in hilfsbedürftige, liebenswerte, wenn auch leicht vertrottelte Harmlosigkeit längst internalisiert haben. Lassen wir uns nichts vormachen: Die meisten Menschen erleben ihr Altern als eher negativ, als Abbau und Verlust.

Es gibt mannigfache Untersuchungen darüber, wann Menschen erstmals ihr Altwerden empfunden haben. Es sind meist nicht dramatische Erkrankungen, nicht einmal der viel zitierte ‚Pensionierungsschock' oder - lange vorher schon – die Trennung von den ‚flügge', also erwachsen gewordenen Kindern. Es handelt sich meist um eher banale Ereignisse.

Da steht eine attraktive junge Dame im überfüllten Bus auf, um einem ‚älteren Herrn' (62 J.) ihren Platz anzubieten. Ein anderer (59 J.) spürt, dass er beim Treppensteigen außer Atem kommt und manchmal stehenbleiben muss. Vereine, Gewerkschaften oder Parteien, mit denen man seit Jahren in lockerer Verbindung stand, schicken einem plötzlich eine Einladung ‚An unsere Senioren‘. Das Angebot einer ‚Seniorenversicherung‘ kommt ins Haus und die schließt nahezu immer auch gleich eine Absicherung für den ‚Sterbefall‘ ein. Ein Mann erzählt, er habe abends allein in seinem Eisenbahnabteil auf die Abfahrt des Zuges gewartet. Draußen auf dem Bahnsteig stand ein junges Pärchen in zärtlicher Umarmung. Und dann hört der Reisende (61 J.), wie der junge Mann zu seiner Freundin sagt: »In das Abteil kannst du ruhig gehen - da sitzt nur ein alter Mann drin«. Unserem Reisenden versetzte diese Bemerkung einen Stich ins Herz.

Kein Zweifel: für viele ältere Menschen häufen sich die Arztbesuche. Der Körper altert mit uns, Glieder und Gelenke, die uns jahrzehntelang wie selbstverständlich zur Verfügung standen, beginnen zu schmerzen, das Herz meldet sich durch Atemnot, manche klagen über Schlaflosigkeit, obgleich sie sich erschöpft fühlen. Plötzlich entsteht der Eindruck, als begänne die Zeit zu ‚rasen‘ und triebe uns unaufhaltsam dem Tod entgegen. Das alles engt den Blick ein und lässt das Alter nur noch als Defizit erleben.

Altern - ein Reifemodell

Neben dem weit verbreiteten Defizitmodell wirkt ein zweites, das vom Altern als stetiger Entwicklung zur Reife, Weisheit, ja Verklärung. Auch dieses Klischee hat eine lange Tradition.

Aus dem Alten Testament kommt die Empfehlung: »Du sollst vor grauem Haar aufstehen, das Ansehen eines Greises ehren und deinen Gott fürchten« (Lev, 19,32). Doch schon melden sich Zweifel: »Findet sich bei Greisen wirklich Weisheit und ist langes Leben schon Einsicht?« (Hiob, 12,12). Und an späterer Stelle: » Ich dachte, mag das Alter erst reden, der Jahre Fülle Weisheit künden. Jedoch es ist der Geist im Menschen, des Allmächtigen Hauch, der ihn verständig macht. Die alt an Jahren sind, nicht immer sind sie weise, noch Greise stets des Rechten kundig. Seht, gewartet habe ich auf eure Worte, gelauscht auf eure klugen Sprüche, bis ihr die rechten Worte fändet. Ich bin euch aufmerksam gefolgt, doch seht, keiner hat Hiob widerlegt, keiner von euch ihm zu entgegnen vermocht« (Hiob 32,7-12).

Kohelet mahnte in der Mitte des dritten vorchristlichen Jahrhunderts: »Denk an deinen Schöpfer in deinen frühen Jahren, ehe die Tage der Krankheit kommen und die Jahre dich erreichen, von denen du sagen wirst: Ich mag sie nicht!«

Im Neuen Testament fehlt es nicht an Empfehlungen für die Alten, aber auch nicht an solchen für die Jungen. So im Titusbrief (2, 1-5): »Du aber verkünde, was der gesunden Lehre entspricht. Die älteren Männer sollen nüchtern sein, achtbar, besonnen, stark im Glauben, in der Liebe, in der Ausdauer. Ebenso seien die älteren Frauen würdevoll in ihrem Verhalten, nicht verleumderisch und nicht trunksüchtig; sie müssen fähig sein, das Gute zu lehren, damit sie die jungen Frauen dazu anhalten, ihre Männer und Kinder zu lieben, besonnen zu sein, ehrbar, häuslich, gütig und ihren Männern gehorsam, damit das Wort Gottes nicht in Verruf kommt«. Dieses Schreiben des Apostels Paulus gehört ebenso wie die beiden an Timotheus zu den 'Pastoralbriefen', enthält also Ratschläge an die 'Hirten', die Vorsteher der Gemeinden. Und aus den Verkündigungsaufträgen lässt sich unschwer erkennen, womit es - schon damals - nicht zum Besten stand.

Eine weitere Briefstelle (1.Tim.5, 1-4): »Einen älteren Mann sollst du nicht grob behandeln, sondern ihm zureden wie einem Vater. Mit jüngeren Männern rede wie mit Brüdern, mit älteren Frauen wie mit Müttern, mit jüngeren wie mit Schwestern, in aller Zurückhaltung. Ehre die Witwen, wenn sie wirklich Witwen sind. Hat eine Witwe aber Kinder oder Enkel, dann sollen diese lernen, zuerst selbst ihren Angehörigen Ehrfurcht zu erweisen und dankbar für ihre Mutter oder Großmutter zu sorgen, denn das gefällt Gott«.

Die Verklärung des Alters überwiegt. Seneca schreibt im ersten nachchristlichen Jahrhundert seine ,Briefe an Lucilius'. Darin heißt es: »Bereiten wir dem Alter einen freudigen Empfang, lieben wir es; es ist reich an Annehmlichkeiten, wenn man es zu nutzen weiß. Die Früchte erlangen ihren vollen Geschmack erst in dem Augenblick, da sie vergehen. Es ist eine erlesene Zeit des Lebens, wenn man den Abhang der Jahre hinab gleitet mit einer Bewegung, die noch nichts Gewaltsames an sich hat. Die Seele ist voller Jugendkraft und freut sich, nicht mehr viel Gemeinschaft mit dem Körper zu haben«.

Die Glorifizierung des Alters in der Antike hat einen

durchschaubaren politischen Hintergrund. In erster Linie geht es darum, durch die - auch in damaliger Zeit oft genug widerlegte - Gleichsetzung von Alter und Weisheit die Autorität eines Senats aus alten Männern zu stabilisieren. Nach der Überzeugung konservativer Ideologie ist der status quo prinzipiell gut; man muss ihn respektieren und den Privilegierten ihre Privilegien lassen, denn sie haben sie angeblich verdient.

Platon (427 - 347 v.Chr.) empfiehlt statt der verbreiteten Klage über die Gebresten des Alters eine Zustimmung zum erotischen ,Disengagement'. Im ersten Buch der „Politeia" spricht Sokrates mit einem alten Mann, dem Kephalos von Piräus. Kephalos klagt in bewegter Rede darüber, dass die Alten bei ihren Treffen immer »über die verlorene Jugend, über deren Freuden und Liebesgenüsse, über die nicht mehr möglichen Trinkgelage und Schmäuse« jammern. Alle meinten, dass etwas Großes und Bedeutendes verloren gegangen sei. Kephalos empfiehlt dagegen, »Frieden und Freiheit« des Alters zu preisen.

Ganz anders Sophokles. Das Bewusstsein, der Wollust nicht mehr fähig zu sein, machte ihn so froh wie den »Ausreißer, der einen wilden und rasenden Herrn losgeworden ist«. Aber selbst wenn man sich auf den Standpunkt der Genießer stelle, so müssten diese doch einsehen, dass das Alter von ihren Freuden viele verdorren ließe und im Übrigen – ein Euripideswort – »der Liebesgöttin alte Männer lästig sind«. Sie sollten sich besser einen Lebensschatz von Freuden sammeln in der Art, wie man ausschließlich die keiner Fäulnis ausgesetzten und daher unverderblichen Lebensmittel in einer belagerten Festung stapelt. Und das bedeutet, lustvolle erotische Nachlese halten aus Geschichte und Poesie oder sich mit musischen und geometrischen Problemen befassen.

Das ist zweifellos eine grundsätzlich beherzigenswerte Empfehlung. Doch hier stutzt man schon. Eine erotische Nachlese halten kann ja nur der, der zuvor in seinem Leben eine erotische Ernte eingefahren hatte. Mit musischen oder geometrischen Problemen wird sich schließlich nur jemand befassen, dem sie auch früher schon wichtig waren. Es ist so, als wollte man jemandem, der nie zuvor gern gelesen hat, als Alterslektüre jetzt den «Ulysses» von James Joyce empfehlen oder einem berenteten Bauarbeiter das Harfespiel als Alterszeitvertreib. Eine schier unendliche Reihe von gut gemeinten Ratschlägen zieht sich durch die letzten 2500 Jahre bis in unsere Gegenwart: Spaziergänge auch für den, der sie nie mochte, Kartenspiel, das ihn stets langweilte, Tätigkeit im Garten, den er entweder gar nicht besitzt oder als lästig empfindet, Lektüre, die ihn überfordert, und so weiter bis zum Überdruss. Es ist schwer bis unmöglich, sich im Alter ein ‚Hobby' zu erschließen, für das man bisher weder Neigung spürte noch Eignung besitzt.

Wie sehr ein glückliches Altern von der persönlichen Biographie und der individuellen Lebenseinstellung abhängt, erkennt man u.a. an den unterschiedlichen Äußerungen zur Berentung oder Pensionierung. Einer sagt, er sei in den Ruhestand versetzt worden, ein anderer, er sei in den Ruhestand getreten. Mit dem ersteren ist also etwas passiert, was er vielleicht gar nicht wollte, bei dem zweiten schwingt Freude mit, nun einen neuen Lebensabschnitt zu beginnen. Im Alter offenbart sich die Bilanz eines Lebens. Es ist denkbar, dass lange vernachlässigte Interessen nun endlich aufleben können, aber nur sehr selten entstehen neue, die sich bislang nie bemerkbar gemacht haben.

Mit einiger Sicherheit lässt sich behaupten, das gälte auch für die Partnerbeziehung. Sicher wird sie sich im Lauf der Jahrzehnte verändern, denn sie ist ein wesentlicher Teil wenigstens zweier Biographien, aber es steht kaum zu erwarten, dass sie grundsätzlich anders oder gar besser wird. Erwarten wir überhaupt nicht zuviel vom Alter, denn im letzten Lebensabschnitt kann sich nur offenbaren, was zuvor angelegt worden ist.

Sophokles schrieb mit 90 Jahren seinen »Ödipus auf Kolonos« und übertrifft darin noch die Altersidealisierung durch Platon. Athen gewährt dem greisen und blinden Bettler Ödipus, dem ehemaligen Beherrscher von Theben, Asyl. In einem Hain nahe der Stadt findet er endlich Ruhe und inneren Frieden. Die Götter nehmen ihn in geheimnisvoller Entrückung zu sich. Der Gerontologe Leopold Rosenmayr schreibt dazu: »Die geheimnisvolle Szene der für die Griechen seltenen Aufnahme eines Menschen, hier des alten Mannes, in den Himmel enthüllt den tragischen Menschen Ödipus als Erlösungsfigur ohnegleichen, als nie wieder erreichten Höhepunkt in der Altersdramatik der Weltliteratur«.

Cicero (106 - 43 v.Chr.) geht in seinem Buch »Über das Alter« darauf ein und beschreibt, wie der alte, aber immer noch ungewöhnlich produktive Sophokles sich den Vorwurf seiner Söhne einhandelte, er vernachlässige sein Hauswesen. Die Söhne brachten ihn vor Gericht mit der Absicht, ihm wegen Schwachsinns die Verfügungsgewalt über sein Vermögen absprechen zu lassen. »Da hat nun, wie es heißt, der greise Dichter die Tragödie, die er gerade in den Händen hielt und kurz vorher verfasst hatte, seinen ‚Ödipus auf Kolonos‘, den

Richtern vorgelesen und dann die Frage gestellt, ob diese Dichtung nach ihrer Ansicht von einem Schwachsinnigen stamme. Nach der Rezitation erkannten die Richter auf Freispruch«.

Cicero beschäftigte sich auch mit dem Nachlassen des „prickelnden Verlangens nach Lust". Und er verallgemeinert: »Nichts kann Kummer bereiten, wenn man es nicht vermisst. Wir werden noch darauf zurückkommen, dass auch mangelnde sexuelle Appetenz Melancholie auszulösen vermag. Cicero nennt ein Beispiel, das er freilich nur vom Hörensagen zitieren kann: »Als den schon vom Alter geschwächten Sophokles jemand fragte, ob er noch geschlechtlichen Verkehr mit Frauen habe, gab er treffend zur Antwort: ‚Gott bewahre! Mit Freuden bin ich aus der Sklaverei dieses so wilden und wütenden Gebieters entflohen'«.

Es gibt eine lange Tradition der Verklärung des Alters. Dabei fällt auf, wie entschieden immer wieder der Verlust sexueller Begehrlichkeit als ‚Befreiung' betont wird. Ein Beispiel aus Schopenhauers ‚Lebensweisheit': »Jeder Genuss ist immer nur die Stillung eines Bedürfnisses; dass nun mit diesem auch jenes wegfällt, ist so wenig beklagenswert, wie dass einer nach Tische nicht mehr essen kann und nach ausgeschlafener Nacht wach bleiben muss. Viel richtiger schätzt Platon das Greisenalter glücklich, sofern es den bis dahin uns unablässig beunruhigenden Geschlechtstrieb endlich los ist. Sogar ließe sich behaupten, dass die mannigfaltigen und endlosen Grillen, welche der Geschlechtstrieb erzeugt, und die aus ihnen entstehenden Affekte einen beständigen, gelinden Wahnsinn im Menschen unterhalten«.

Aber, so ist mit Simone de Beauvoir zu fragen, bedeutet dieser ‚gelinde Wahnsinn' nicht den Elan des Lebens selbst? – Ist Schopenhauer ein zuverlässiger Gewährsmann? – Er war ein genialer Psychologe, aber eben auch ein misanthropischer Einzelgänger. Immer lauerte er argwöhnisch darauf, was ihm die Umwelt Böses antun könnte. In seinem Schlafzimmer hielt er stets eine Waffe bereit. Er versteckte seine Besitztümer in den verborgensten Winkeln der Wohnung. Er ließ sich von keinem Barbier rasieren aus Angst, man könnte ihm die Kehle durchschneiden. Als ihn einmal eine brave Näherin durch ihr Geschwätz stört, wirft er sie heftig zu Boden, was ihr einen lebenslänglichen Schaden und ihm eine lebenslängliche Rentenverpflichtung einträgt. Bei allem Respekt: Kann sich ein solcher Mensch kompetent über die »Grillen des Geschlechtstriebs« und über Erotik im allgemeinen äußern? -

Man braucht dem Eros keine neuen Hymnen zu singen, da die gesamte Menschheitsgeschichte und Weltliteratur unzählige Zeugnisse von der nicht leicht überschätzbaren Macht des Eros bieten. Wieso aber kommt es zu der Jahrtausende alten Meinung, das Nachlassen sexueller Potenz und Appetenz im Alter sei ein Vorzug, eine ‚Befreiung‘? - Was kann dazu veranlassen, einen objektiven Mangelzustand als ‚Chance zur Reife‘ zu verklären? - Ein 72jähriger Witwer sagte: »Wissen Sie, wenn die Äpfel zu hoch hängen oder das Eingemachte verdorben ist, dann bedaure ich das. Doch dann ertappe ich mich bei dem Gedanken: ‚Eigentlich mag ich gar keine Äpfel mehr, und es geht auch ohne Eingemachtes. - Aber im Grunde überzeugt mich das nicht«. Und das mag den Betroffenen beunruhigen, aber in dieser Äußerung steckt ja auch die Einsicht, dass elementare Triebregungen nicht ohne Wehmut verschwinden.

Eine Endsechzigerin meint: »Alter ist für mich Verlust und Verzicht. Aber was bleibt mir, als das Beste daraus zu machen?«

Vielleicht liegt hier schon ein Teil der Antwort. Denn zweifellos gibt es Reife und Nachreifung im Altern, aber eben nicht zwangsläufig. Ein Reifeprozess kann schmerzlich sein, ein Vorgang, der oft genug mit Resignation und Melancholie durchsetzt ist. Wie nahe liegt dann die Tendenz, das Unvermeidliche zu überhöhen, ja zu verklären? - Die Forderung, das Alter zu ehren, lässt sich logisch nicht begründen, wohl aber psychologisch. Da Alterungsprozesse in jeder Gesellschaft und für jeden Menschen unvermeidlich sind, werden verborgene oder eingestandene Ängste dadurch beschwichtigt, dass man mit seiner Haltung zu alternden Menschen gewissermaßen magisch beschwörend das Wünschbare vorwegnimmt: Die Umwelt möge einem beim eigenen Altwerden in ähnlich rücksichtsvoller Weise begegnen.

Es ist nicht schwer, der Jugend die angenehmsten Seiten abzugewinnen oder zuzuschreiben. Beim Alter gelingt das nur mit einiger Anstrengung. Und es wird spürbar in all den vielfältigen Verklärungen des Alternsprozesses. Manche klingen so, als sei der Autor krampfhaft bemüht, sich selbst und seinen Lesern zu beteuern, wie positiv doch all das Unvermeidliche von Abbau, Verlust und Verzicht sei. Noch einmal Arthur Schopenhauer mit zwei Zitaten aus seiner 'Lebensweisheit': »Im weiteren Sinn kann man auch sagen: die ersten vierzig Jahre unseres Lebens liefern den Text, die folgenden dreißig den Kommentar dazu, der uns den wahren Sinn und Zusammenhang des Textes, nebst der Moral und allen Feinheiten desselben, erst recht verstehen lehrt«. Und etwas später: »Man pflegt die Jugend die glückliche Zeit des

Lebens zu nennen und das Alter die traurige. Das wäre wahr, wenn die Leidenschaften glücklich machten. Von diesen wird die Jugend hin und her gerissen, mit wenig Freude und vieler Pein. Dem kühlen Alter lassen sie Ruhe, und alsbald erhält es einen kontemplativen Anstrich«.

Christa Theissen hat das Selbstbild älterer Menschen untersucht Es handelte sich um Personen im 7. und 8. Lebensjahrzehnt, und die Ergebnisse zeigen ein - überraschend - positives Bild. Worauf beruht das? Das günstige Selbstimage »scheint eher vom Grad der sozialen Anerkennung durch andere, von einem der Alltagsmoral entsprechenden, die mitmenschlichen Beziehungen fördernden Verhalten und von der eigenen Leistungsfähigkeit und Tüchtigkeit im Leben abzuhängen«. Es »stellt sich heraus, dass die Selbstcharakterisierungen weitgehend sozial erwünschte Eigenschaften enthalten. Zwar finden sich vereinzelte Darstellungen, in denen abwertende Äußerungen über die eigene Person und Selbstkritik leicht überwiegen, im großen und ganzen sehen sich die Befragten jedoch in positivem Licht«.

Und dafür scheint entscheidend zu sein, wieweit man von anderen anerkannt und geachtet wird, gern gesehen und beliebt ist. Aus den Selbstcharakterisierungen ergibt sich, »dass sich die im 7. oder 8. Lebensjahrzehnt stehenden Menschen überwiegend als ,nicht alt' bezeichnen... Von den 100 hier befragten Personen nahmen 69 eine Alterseinstufung von sich aus vor. Dabei bezeichneten sich mehr als zwei Drittel als jung bzw. jünger, als es dem wirklichen Lebensalter entspricht. Lediglich ein knappes Viertel aller Befragten stufte sich als alt ein«.

Solche Ergebnisse, die gewiss nur mit Vorbehalt als repräsentativ gewertet werden dürfen, scheinen das Defizitmodell zu widerlegen, aber sie entsprechen auch nicht dem Modell, das im Altern ausschließlich einen Reife- oder gar Veredelungsprozess sieht. Denn, wie Theissen schreibt, »über 80 % sprechen davon, sich in der einen oder anderen Hinsicht gelegentlich alt zu fühlen, und über 60% der Gesamtgruppe heben deutlich hervor, dass sie sowohl Augenblicke kennen, in denen sie den Eindruck des Jungseins haben, als auch Situationen, in denen das Gegenteil der Fall ist«. Es ist immer wieder erstaunlich, wenn auch nicht gerade überraschend zu erfahren, wie wenig sich hoch komplexe Entwicklungsvorgänge wie beispielsweise das Altern nach Modellen orientieren. Sie werden von mannigfachen sozialen, biographischen und medizinischen, vor allem aber individuellen Faktoren bestimmt. Das ergab auch die Untersuchung von Christa Theissen. »Zwei Drittel der Befragten bezeichneten sich als ‚jung' oder ‚relativ jung'. Andererseits heben alle 100 Personen in den frei geäußerten Altersbeschreibungen mehr oder weniger intensiv das Altsein hervor, und nur ein geringer Prozentsatz berichtet überhaupt spontan von Situationen, in denen man sich jung vorkommt«.

Bei diesen scheinbar widersprüchlichen Äußerungen spielt der Unterschied zwischen ‚Autostereotyp vom Alter' und dem ‚Selbstbild' eine wichtige Rolle. Im Autostereotyp sind all die Meinungen versammelt, die eine konkrete Gesellschaft vom Altern hat. Ist dieses Bild vom Altern vorwiegend negativ getönt, so lässt sich leicht verstehen, dass ältere Menschen es für sich ablehnen; entweder trifft es nach ihrer Selbsteinschätzung auf sie gar nicht oder vorwiegend nicht zu, oder sie fürchten, dass es tatsächlich wahr sein könnte. In beiden Fällen liegt es nahe, das Defizitmodell abzulehnen: „Nein, ich fühle mich jung, jedenfalls jünger als mein kalendarisches Alter..." Das negative Stereotyp wird im Sinn einer ‚social desirability' verworfen. Das Selbstbild vieler alter Menschen scheint dagegen wesentlich realistischer zu sein; es enthält nahezu immer Züge der Entsagung, der Trauer, des Schmerzes.

Man darf wohl annehmen, dass jeder Mensch, und ganz besonders im Alter, sich Harmonie wünscht. Harmonie bedeutet hier so etwas wie seelisches Gleichgewicht, das Bild einer Waage stellt sich ein. Nun wird aber gerade im höheren Lebensalter eine der beiden Waagschalen zunehmend belastet. Was Jahrzehnte lang erfolgreich verdrängt wurde, tritt nun deutlicher ins Bewusstsein, die unleugbare Tatsache nämlich, dass das persönliche Lebensende immer näher rückt. Der erstaunliche Zugewinn an Lebensjahren erhöht ja auch die Wahrscheinlichkeit von altersbedingten Abnutzungserscheinungen und Erkrankungen. Und all das kann eine der Waagschalen nach unten drücken: Gliederschmerzen, Beschwerden beim Gehen und Treppensteigen, Kreislaufstörungen mit Luftmangel, schlechter Schlaf, Appetitlosigkeit, verzehrende Krankheiten, Langeweile, darüber hinaus das Gefühl von Nutzlosigkeit, Einsamkeit und eben auch Todesnähe.

Das alles lässt sich kaum ignorieren oder unterdrücken, es gehört, in unterschiedlicher Ausprägung, zum Alterungsprozess. Doch was ist mit der anderen Waagschale, die oben baumelt? – Natürlich wünscht man sich Gleichgewicht, also Harmonie und ein bisschen Glück. Was bleibt also anderes übrig als der höchst individuelle Versuch, die eigene Waage neu zu ‚gewichten'. Für viele, die es sich leisten können, besteht der Ausgleich in extensiver Aktivität, zum Beispiel im viel zitierten

Alterstourismus. Auf luxuriösen Kreuzfahrtschiffen liegt das Durchschnittsalter um die 70, auf Bildungsreisen in ferne Kontinente trifft man vorwiegend Menschen im letzten Lebensdrittel. Es sind diejenigen, die durch körperlich-geistiges und finanzielles Wohlbefinden ihre Alterungsprozesse entweder noch nicht wahrnehmen oder sie einfach, solange es geht, verleugnen. Ob sie glücklich sind? Sie sagen es jedenfalls.

Andere gibt es, die sich nach Pensionierung oder Berentung den Hobbies widmen, die während ihres Berufslebens zu kurz kamen. Sind sie glücklich? Viele fühlen sich so. Wieder anderen gibt der Umgang mit den Enkeln – in Erinnerung an die eigenen Kinder und vielleicht auch die eigene Kindheit – Befriedigung und Glücksgefühle. Und ganz besonders kann sich eine verständnisvolle Partnerschaft beglückend auswirken, die freilich Empathie voraussetzt. Es gibt eine Fülle von Lebens- und Erlebnisvariationen, mit denen sich die zweite Waagschale auffüllen ließe, und damit wären manche unvermeidlichen Belastungen und Einschränkungen des Alterns zu kompensieren. Es stellt sich dann, wenigstens temporär, eine Gefühl des Gleichgewichts, der Ausgeglichenheit ein.

Zu den Verklärungen des Alters gehört auch der Hinweis auf die Genies im hohen Alter, die ‚Wundergreise‘, wie sie Wolf Schneider in seinem Buch „Die Sieger" aufzählt:

Mit 72 Jahren wird Michelangelo Baumeister der Peters-kirche in Rom (1547);

mit 73 Jahren schreibt Kant die „Metaphysik der Sitten" (1797);

mit 74 wirbt Goethe um die 19jährige Ulrike von Levetzow (1823);

mit 73 wird Konrad Adenauer zum erstenmal Bundeskanzler (1949);

mit 74 schreibt Theodor Fontane seinen Roman „Effi Briest" (1894);

mit 76 wird Winston Churchill noch einmal Premierminister (1951);

mit 79 beginnt Leopold von Ranke mit der Arbeit an seiner „Weltgeschichte" (1875);

mit 80 Jahren vollendet Thomas Hobbes seine Geschichte des „englischen Bürgerkriegs" (1668):

mit 80 beginnt Sigmund Freud mit der Arbeit an seinem letzten Werk „Der Mann Moses" (1936);

mit 81 Jahren vollendet Goethe den, Faust II.Teil und seine Autobiographie „Dichtung und Wahrheit" (1831);

mit 81 schreibt Verdi seine Oper „Falstaff" (1893);

mit 82 erwirbt Thomas Alva Edison das letzte seiner 1033 Patente (1928);

mit 85 Jahren wird Adenauer zum vierten Mal Bundeskanzler (1961);

mit 88 Jahren, bis sechs Tage vor seinem Tod, meißelt Michelangelo an der „Pietá Rondanini" (1564);

mit 89 Jahren muss Bertrand Russell wegen einer Sitzdemonstration gegen die Atomrüstung ins Gefängnis (1961);

mit 90 gibt Arthur Rubinstein nach 83jähriger Karri-
ère sein Abschiedkonzert (1976);

mit 90 Jahren schreibt Ranke am 8. Band seiner
„Weltgeschichte" und stirbt (1886);

mit 90 legt Adenauer den CDU -Vorsitz nieder
(1966);

mit 90 schreibt Sophokles seinen „Ödipus auf
Kolonos" (306 v.Chr.?);

mit 95 Jahren beginnt Bertrand Russell mit der
Arbeit an seiner dreibändigen Autobiographie.

Nichts davon ist typisch, aber immerhin könnte geschlos-
sen werden, dass geistige Aktivität und Produktivität die
unausweichlichen Alterungsprozesse verzögern können.
Und tatsächlich scheint es so zu sein. ‚Schöpferisches
Altern' ist kein Privileg von Genies, sondern prinzipiell
jedem zugänglich.

Die Gerontologin Ursula Lehr hat der verbreiteten An-
schauung vom ‚Ruhestand' im Alter ihre ‚Aktivierungsthese' entgegengesetzt. Aktivität bewirkt nicht automatisch ‚Reife', aber ist in wohl verstandener Dosierung
offenbar imstande, Abbauprozesse des Alterns zu ver-
langsamen. Misstrauen wir dagegen den agilen, selbst-
bewussten ‚Alten', die uns gelegentlich in Fernsehspie-
len vorgeführt werden. Diese hyperaktiven, scheinbar
unverwüstlichen und stets optimistischen Greise und
Greisinnen sollten nicht darüber hinwegtäuschen, dass
hier der unausweichliche Alterungsprozess krampfhaft
verdrängt wird. Denn Altern ist beides zugleich: Abbau
und Chance.

Männliche Sexualität im Alter

Schon im Alten Testament gibt es die berühmte Geschichte von den zwei geilen Greisen, die in Babylon der Frau des Jojakim nachstellten. Susanne badete eines Tages im Garten, die beiden lauerten ihr auf und wollten sie zum Beischlaf zwingen (Daniel 13, 1 – 64).

Die Lüsternheit der Greise ist seit alten Zeiten ein Lieblingsthema. Doch was fasziniert eigentlich so daran? Vielleicht gerade die Tatsache, dass manche alten Männer offenbar noch potent sind, dazu aber mehr Lebenserfahrung besitzen und in besseren ökonomischen Verhältnissen leben als viele junge. Ihnen gelingen zuweilen temporäre Partnerschaften mit attraktiven jungen Frauen. Es ist der Neid der Jungen auf Privilegien der munteren Älteren, sie werden zu Rivalen der jüngeren Generation - naheliegend, sie zu verleumden.

Aber auch der ebenso lüsterne wie impotente Alte ist eine Bedrohung. Er verkörpert die Angst der Jungen um den Verlust der eigenen Potenz. Simone de Beauvoir schreibt: »Der junge Erwachsene hasst die Vorstellung, dass er eines Tages Wünsche empfinden könnte, die er nicht mehr befriedigen kann. Er hasst im Greis sein künftiges Schicksal. Er weist es lachend zurück: Nie wird er der grotesken Gestalt gleichen, die sich da produziert«.

In der römischen Komödie gibt es einen ganzen Reigen lächerlicher alter Männer. Bei Plautus (250 – 184 v. Chr.) rivalisiert der Vater mit seinem Sohn; er missgönnt ihm die Vergnügungen der Jugend und neidet dem Sohn die junge Gefährtin. Unter Einsatz seines Wohlstands kauft er sie und gibt sie einem Sklaven zur Frau, der ihm, dem Vater, aber das ius primae noctis einräumen muss. Doch der Plan misslingt, der Alte wird zum betrogenen Betrüger, zum Gespött aller, und seine Rolle als pater familiae verkommt im Lächerlichen.

Die gesellschaftliche und finanzielle Macht (= Potenz!) mancher älterer Mannes ist ihr Privileg bis heute. Da liegt wohl der entscheidende Grund, warum er auch in unserer Gesellschaft keine unüberwindlichen Schwierigkeiten hat, eine junge attraktive Freundin, Partnerin, ja sogar Ehefrau zu gewinnen, um die ihn jüngere beneiden. Gerade dieser mit Bewunderung vermischte Neid ist es, der die Befriedigung älterer Männer ausmacht, das labile Selbstwertgefühl stabilisiert und über manche elementare Ängste – wenigstens zeitweise – hinweghilft. Diese Ängste nähren sich aus der narzisstischen Kränkung, die im Alterungsprozess liegt: Der Körper welkt vor sich hin, die Spannkraft lässt nach und mit ihr die Potenz. Eifersucht lauert; jeder jüngere Mann ist potentieller Rivale. Das Alter, das nach mehr Ruhe verlangt, wird nun durch Stürme der Unruhe geplagt.

Chateaubriand (1768 – 1848) hasste sein altes Gesicht so sehr, dass er sich nicht mehr portraitieren lassen wollte. Mit 61 Jahren schrieb er in „Amour et vieillesse, chants de tristesse" über die Avancen einer jungen Dame: »Wenn du mir sagst, dass du mich liebst wie einen Vater, entsetzt du mich. Wenn du vorgibst mich zu lieben wie einen Geliebten, glaube ich dir nicht. In jedem jungen Mann werde ich den bevorzugten Rivalen erblicken. Deine Achtung für mich wird mich meine Jahre spüren lassen, deine Liebkosungen werden mich sinnloser Eifersucht ausliefern. Das Alter macht hässlich, selbst das Glück«.

Goethes Freund, der Bankier v. Willemer, stellte ihm seine junge Frau Marianne vor, die er gerade geheiratet hatte. Die schöne, geistreiche Frau verehrte Goethe, und der 67jährige glaubte, mit der um 35 Jahre jüngeren Frau eine neue Jugend zu finden. Das Erlebnis inspirierte ihn zu dem Buch ‚Suleika' aus dem ‚Westöstlichen Divan'. Dort schwärmt er als Hatem, der Geliebte Suleikas:

„Alles Erdenglück vereinet

find ich in Suleika nur.

Wie sie sich an mich verschwendet,

bin ich ihr ein wertes Ich;

hätte sie sich abgewendet,

Augenblicks verlör ich mich."

Einige Jahre später, mit 73, verliebt sich Goethe in die 17jährige Ulrike v. Levetzow – nebenbei auch in eine polnische Pianistin. Goethe schreibt an Ulrikes Mutter: »Wenn ein schlankes, liebes Kind sich niederbeugt und meiner gedenkend ein Steinchen aufhebt, so ist das zu den hundert Stellungen, in denen ich sie vor mir sehe, ein neuer Gewinn«. Goethe konsultiert einen Arzt, ob er aus gesundheitlichen Gründen noch heiraten könne. Die Beziehung geht auseinander, findet aber einen Niederschlag in der ‚Trilogie der Leidenschaften':

„Mir ist das All, ich bin mir selbst verloren,

der ich doch einst der Götter Liebling war;

sie prüften mich, verliehen mir Pandoren,

so reich an Gütern, reicher an Gefahr.

Sie drängten mich zum gabesel'gen Munde,

sie trennten mich – und richten mich zugrunde."

Goethe offenbart hier in eindrucksvoller Weise den Narzissmus des alternden Mannes, ein Problem, das an Aktualität nichts verloren hat. Das Gefühl, geliebt zu werden, möglichst verbunden mit sexueller Aktivität, stabilisiert das Selbstbewusstsein mehr als alle Kompensationen durch den Sozialstatus und seine Symbole. Wenn die Realität sich nicht wunschgemäß gestalten lässt, dann bleiben immer noch Surrogate wie sexuelle Phantasien z.B. in den vielfältigen Formen der Pornographie, in Tagträumen, Live-Shows und Bordellbesuchen. Doch nichts ersetzt nach Auffassung vieler Männer die Partnerin, gerade im Alter.

Von Henry Miller stammt eine seltsame, autobiographisch getönte Liebesgeschichte, die in verdichteter Form zeigt, in welche Illusionen das Gefühl sexueller Isolation alternde Männer führen kann (»Insomnia oder die schönen Torheiten des Alters«).

Der 75jährige verliebt sich in eine 25jährige japanische Nachtklubsängerin, und diese 'Liebe' bereitet ihm schlaflose Nächte ('Insomnia'). »Da haben wir also diesen angeblich berühmten alten Mann (75 und nicht weniger !), der ein junges Irrlicht verfolgt. Der alte Mann sehr romantisch, die junge Sängerin ziemlich nüchtern...

Der alte Mann (c'est à dire moi, Monsieur Henri) hatte die ganze Szene vor fast vierzig Jahren geprobt. Er hätte es besser wissen müssen. Er hätte die Dinge auf sich zukommen lassen sollen. Aber er gehört zu der Sorte Menschen, die niemals aus Erfahrung klug werden. Und er bedauert seine Schwäche nicht, denn die Seele wird nicht aus Erfahrung klug... Vielleicht bildete ich mir nur ein, verliebt zu sein. Vielleicht war ich einfach hungrig, einsam, eine Tontaube, die jeder mit einer Spielzeugpistole abschießen konnte... Alles in allem war es das Problem des glücklich Wahnsinnigen, der um Liebe bettelt«.

Was Henry Miller in dieser Geschichte aus eigenem

Erleben schildert, ist vielfältige Erfahrung alternder Männer. Es geht gar nicht in erster Linie um Sexualität, denn die wäre mit geringem Geldaufwand überall zu befriedigen. Es ist das viel einschneidendere Problem des Professors Unrat mit der 'Künstlerin' Rosa Fröhlich in Heinrich Manns bekanntem Roman (in der Filmfassung Carl Zuckmayers von 1931: »Der blaue Engel« mit Marlene Dietrich). Der alte und verknöcherte Gymnasiallehrer Unrat verliebt sich unversehens in die 'Barfußtänzerin', verliert seine Stellung und endet auf klägliche, Mitleid erregende Weise. In einer wenig bekannten Äußerung Heinrich Manns erfahren wir: »Unrat, dieses lächerliche Scheusal, hat doch einige Ähnlichkeit mit mir«.

Es handelt sich um eine doppelte Illusion, dass es nämlich einfach sei, aus dem moralischen Gehäuse einer bürgerlichen Gesellschaft auszubrechen und alle Konvention hinter sich zu lassen. Dann aber auch um die Illusion, der eigene schmerzliche Alterungs- und Isolierungsprozeß sei durch die 'Liebe' einer jungen Frau aufzuhalten oder gar umzukehren. Miller schreibt: »Nachdem das monatelang so gegangen war mit dem juckenden Zeh, den unbeantworteten Briefen, den fruchtlosen Anrufen, der Verlogenheit und Doppelzüngigkeit, der Frivolität und Frigidität, begann der Gorilla der Verzweiflung, zu dem ich geworden war, mit dem Teufel namens Schlaflosigkeit zu ringen...

Die Leute sagten, ich sähe großartig aus, werde jeden Tag jünger und lauter solchen Mist. Sie wussten nicht, dass ich einen Splitter in der Seele hatte. Sie wussten nicht, dass ich in einem satingefütterten Vakuum lebte. Sie schienen nicht zu merken, was für ein Schwachkopf ich geworden war. Aber ich wusste es!«

Was ist mit Gerhart Hauptmanns Drama „Sonnenuntergang"? – Es handelt sich um die Tragödie eines alten Mannes. Der Geheime Kommerzienrat Matthias Clausen, siebzig und erfolgreicher Unternehmer, ungebrochen durch den Tod seiner Frau, verliebt sich in die blutjunge Nichte seines Gärtners. Der alte Mann ist besessen von der Idee eines neuen Lebens, einer ‚vita nova', deren Inhalt die junge Inken sein soll. Doch die gesamte Familie rebelliert, denn Erbe und finanzielle Bequemlichkeit scheinen gefährdet. Man betreibt erfolgreich Clausens Entmündigung. Diesen Schlag überwindet der alte Herr nicht. Dort, wo er seine Inken zum ersten Mal traf, im Haus des Gärtners, tötet er sich selbst.

Im Stück gibt es kaum übersehbare Parallelen zu Goethes Liebschaften mit Marianne v. Willemer und Ulrike v. Levetzow. Damals ging es ja ebenso um die Illusion einer ‚vita nova'. Doch auch Gerhart Hauptmann besaß persönliche Erfahrungen. Mit 43 Jahren verliebte er sich in eine Sechszehnjährige.

Erstaunlich, wie wenig zunächst die Einsicht in die eigene illusionäre Verstrickung bewirkt. Nein, die Seele wird nicht aus Erfahrung klug, vor allem dann nicht, wenn der Verstand von Gefühlen überflutet wird, die auch viele ältere Menschen nicht verschonen. Millers leidvolle Erfahrung endet in dem Satz: »Der letzte Touch war, die Nachtigall aus ihrem goldenen Käfig zu befreien und ihr still den Hals umzudrehen«.

Montaigne beklagte sich über die Verklärung des asexuellen Alters: »Im übrigen hasse ich diese gelegentliche Reue, die das Alter mit sich bringt. Wer früher einmal sagte, er sei den Jahren dankbar, dass sie ihn von der Wollust befreit hätten, war anderer Meinung als ich. Ich werde nie dankbar für die Impotenz sein, wann immer sie vor mir steht... Kummer und Schwäche prägen uns eine schlaffe und schleimige Tugend auf«. Simone Beauvoir bemerkt dazu: »In seinem Fall stoßen wir auf ein merkwürdiges Paradoxon, das, wenn es ihm selbst entgangen ist, dem Leser jedenfalls sofort ins Auge springt: Die Essays wurden immer reicher, intimer, origineller und tiefer, je mehr der Verfasser an Jahren zunahm. Diese schönen, herben und desillusionierten Seiten über das Alter hätte er mit 30 Jahren nicht schreiben können. Eben in dem Augenblick, in dem er sich geschmälert fühlt, ist er am größten«. Montaigne wurde nur knapp 60 Jahre alt, für seine Zeit ein immerhin außergewöhnliches Alter.

Die Notizbücher des Victor Hugo (1802 - 1885) geben Auskunft über seine Alterserotik. Mit 70 Jahren hatte er eine 18jährige Mätresse, Maria Mercier, die mit ihm nach Luxemburg übersiedelte. In Paris warfen sich ihm die Frauen an den Hals, darunter die junge, schöne und berühmte Sarah Bernhardt. Erfolgreich warb er um die Gunst der 22jährigen Judith Gautier, danach verliebte er sich in eine junge Wäscherin, die seine Frau in Dienst genommen hatte.

Hugo besuchte nebenbei Prostituierte. Mit 76 Jahren erlitt er einen leichten Gehirnschlag und sein Arzt beschwor ihn, seinen sexuellen Betätigungsdrang zu dämpfen. Hugo antwortete: »Aber Doktor, geben Sie zu, dass die Natur einen warnen sollte«. Da er beinahe zwanghaft alle amourösen Abenteuer in seinem Notizbuch festhielt, erfährt man von noch fünf 'Liebesbegegnungen' in seinem Todesjahr 1885, davon die letzte einige Wochen vor seinem Ableben mit 83 Jahren. Ein Jahr zuvor hatte Hugo eine Rede vor dem französischen Senat gehalten und so begonnen: »Meine Herren, es fällt einem

Mann in meinem Alter schwer, vor solch einer erlauchten Versammlung zu sprechen. Fast so schwer, wie es einem Mann in meinem Alter fällt, eine Frau drei - nein: viermal an einem Nachmittag zu umarmen«.

Gewiss kann es sich hier um Verbalerotik handeln, um Koketterie mit der eigenen angeblich noch vitalen Potenz. Viele Stammtisch- und Bierthekengespräche älterer Männer kreisen um sexuelle Themen, vornehmlich um das Problem sexueller Leistungsfähigkeit. Und je mehr gerade dies in den Mittelpunkt rückt, desto sicherer darf angenommen werden, dass es damit nicht zum besten steht. Verbalerotik mit ihrem Schwelgen in phantastisch ausstaffierten Erinnerungen hat eine entlastende Funktion. Sie mildert die Entbehrungen und Versagenserlebnisse des höheren Alters und wirkt oft wie ein Rückzug vom mehr oder weniger brachliegenden genitalen Teil ins immer noch aktive Orale, ein Phänomen, das sich auch bei älteren Frauen beobachten lässt.

Es ist immer wieder erstaunlich, welch stattliche Sammlung von Obszönitäten bei manchen 'Damenkränzchen' die Teilnehmerinnen erheitert und wohl auch entlastet. Dies war ja auch die Funktion der Pornographie zu allen Zeiten und in allen Kulturen: Sexuell zu stimulieren, aber auch die Phantasie gerade solcher Menschen zu erregen, denen die Umstände, eben auch das vorgerückte Alter, ein Ausleben ihrer sexuellen Bedürfnisse versagen.

Auf geradezu zwanghafte Weise ist für viele ältere Männer die Tönung ihres Selbstbildes von ihrer Potenz abhängig. Simone de Beauvoir: »In seinem Penis erkennt sich der Mann ein Leben lang, in ihm fühlt er sich bedroht. Das narzisstische Trauma, das er befürchtet, ist das Versagen seines Geschlechts«. Es hat etwas von einem magischen Beschwörungsversuch, wenn alte Männer Verhältnisse mit Jahrzehnte jüngeren Frauen eingehen, ja durch eine zweite, dritte Ehe im hohen Alter den unvermeidlichen Prozess des Alterns aufzuhalten suchen.

Samuel Hahnemann, der Begründer der Homöopathie, heiratete mit 80 die 33jährige Melanie d' Hervilly; Pablo Casals ehelichte im selben Alter eine seiner Schülerinnen, die gerade 20 war, Henry Miller mit 75 eine 29jährige Japanerin.

Nun ist die Frage naheliegend, wie denn die Sexualität des alternden Mannes beschaffen sei, welche Sexualpraktiken er bevorzuge. Darüber gibt es eine Fülle von Angaben der gegenwärtigen experimentell-empirischen Sexualforschung. Sie alle sind von zweifelhaftem Wert. Leopold Rosenmayr, dessen gerontologische Studien zum Besten gehören, was es derzeit gibt (»Die späte Freiheit«, »Die Kräfte des Alters«) weist auf die Fragwürdigkeit der Ergebnisse hin. Die Stichproben der Untersuchungen sind meist zu klein und Fragen zum Intimbereich ohnehin problematisch. Bei denjenigen Personen, die sich freiwillig melden, findet man Männer mit aktivem Sexualleben und solche, die sich im Sinn eines erwünschten Verhaltens renommierend selbst darstellen. Mit anderen Worten: Es ist ziemlich schwer bis unmöglich herauszufinden, was sich hinter den subjektiven Angaben tatsächlich an Verhalten verbirgt.

Zu den Klassikern der Sexualphysiologie gehört das Buch »Sexual Response« von Masters und Johnson (deutsch: »Die sexuelle Reaktion«,1970). Es handelt sich um durchaus interessante systematische Beobachtungen, die allerdings an einer nicht repräsentativen Stichprobe vorgenommen wurden und sich nur auf körperliche Reaktionen beziehen. Die Untersuchung der Sexualität älterer Männer beschränkt sich hier auf 39 Personen im Alter von 51 bis 89 Jahren. Man erfährt, dass die Erektionsverzögerung, die in jüngeren Jahren drei bis fünf Sekunden nach der Stimulation beträgt, sich im sechsten oder siebten Lebensjahrzehnt verdoppelt bis verdreifacht. Und an anderer Stelle: »Beim jüngeren Mann wird der Samen über die ganze Länge der Urethra im Penis unter einem solchen Druck herausgepresst, dass die ersten Portionen des Ejakulats 30 bis 60 cm weit heraus geschleudert werden können. Beim Mann über 50 wird der Samen maximal nur 15 - 30 cm weit heraus geschleudert«. Wie gut, solches zu wissen - möge es nur niemanden 'über 50' in eine Depression treiben...

Auch Masters und Johnson ist die reduzierte Aussagekraft ihrer nicht repräsentativen Resultate bewusst. Im Rahmen des von ihnen selbst eingeengten Forschungsgebietes sind diese Untersuchungen ohne Zweifel verdienstvoll. Masters / Johnson verweisen auf einen der großen Pioniere der Sexualforschung, auf den amerikanischen Zoologen Alfred Kinsey, der Material über das Sexualverhalten von über 5000 weißen Männern sammelte, darunter aber nur 126 Personen über 60 (»Sexual behaviour in the human male«, deutsch: »Das sexuelle Verhalten des Mannes«). Die redliche Folgerung der beiden Autoren: »Das zur Untersuchung der Sexualität des älteren Mannes erhobene Material ist also höchst unzureichend«.

Gefordert wird ein multidisziplinärer Forschungsansatz, der neben der Medizin mindestens auch Psychologie und Soziologie einbezieht, ganz besonders aber die individuelle Biographie.

1982 erschien der »Hite-Report - das sexuelle Erleben

des Mannes« (»The Hite-Report on Male Sexuality«). Er besteht aus der Auswertung von 7000 Fragebögen amerikanischer Männer. Und wieder erhebt sich die Frage: Was ist wirklich repräsentativ von Antworten auf sehr detaillierte Fragen zum Intimleben? - Wie lässt sich die Wahrhaftigkeit der Antworten überprüfen? - Wie ist zu vermeiden, dass man übertreibenden Selbstdarstellern und Wichtigtuern aufsitzt? - Nur wer ein relativ ungehemmtes Verhältnis zur eigenen Sexualität besitzt, wird überhaupt solche Fragebögen ausfüllen. Und so entsteht der Verdacht, dass der Hite-Report ein zu positives Bild von der Sexualität älterer amerikanischer Männer entwirft, das sich ohnehin nicht ohne weiteres auf Europa übertragen lässt.

Einige Aussagen von Männern zwischen 70 und 79:

»Wir sind beide 74 Jahre alt und noch sehr leidenschaftlich»«.

»Es dauert etwas länger, bis man ejakuliert, aber dafür hat man einfach mehr vom Vergnügen. Ich genieße den Sex jetzt ausgiebiger« (71 J.).

»Der Sexualtrieb ist derselbe wie im Alter von dreißig. Auch der Genuss ist gleich« (71 J.).

»Der Orgasmus ist eine große körperliche Anstrengung, aber sehr befriedigend und entspannend« (74 J.).

»Der Anblick des nackten Körpers einer Frau hat immer noch zur Folge, dass das Blut in mein Glied strömt und mein Herz schneller klopft. Ich genieße Sex genau so intensiv wie früher« (70 J.).

Es gibt offenbar eine frappierende Verbindung zwischen Sexualität und Produktivität. Von Victor Hugo war schon die Rede, ein anderes Beispiel ist Pablo Picasso. Um schöpferisch arbeiten zu können, bedarf es einer gewissen Aggressivität, »einer gewissen Ausgelassenheit«, wie Flaubert sagte, und beides hat seinen Ursprung in der Libido. André Gide schrieb 1942: »Es gab eine Zeit, da ich, bis zur Todesangst gequält und von der Begierde gefoltert, betete: Ach käme doch die Zeit, da das geschwächte Fleisch es mir erlaubte, mich ganz zu widmen - Welcher Sache sich denn zu widmen? - Der Kunst? - Dem 'reinen' Denken? - Gott? - Wie töricht! Wie toll! Glauben, das Licht der Flamme leuchte heller, deren Öl stockt... Selbst meine Gedanken verlöschen, wenn sie zu abstrakt bleiben; auch heute noch ist es das Fleischliche in mir, was sie nährt, und heute bete ich: Mögen sie fleischlich und begehrlich bleiben bis zum Tod«.

Ein weit verbreitetes Märchen ist das von den sexuellen Abartigkeiten des alternden Mannes. Im Volksklischee fallen von jeher alt, lüstern und geil zusammen. Kinsey beobachtete schon vor Jahrzehnten: »In vielen kleinen Mädchen spiegelt sich die öffentliche Hysterie über die Aussicht, von einem fremden Menschen 'berührt' zu werden, und manches Kind, das nicht die geringste Vorstellung von der praktischen Seite des Geschlechtsverkehrs hat, legt die Zuneigung und das einfache Streicheln von jedem außer den eigenen Eltern als versuchte Vergewaltigung aus«. Das gilt zweifellos auch noch heute und ist unter Fachleuten unumstritten. Leider nimmt die Zahl der sexuellen Handlungen an Kindern offenkundig zu. Der Ausdruck 'sexueller Missbrauch' ist töricht, da es keinen legitimen sexuellen 'Gebrauch' von

Kindern geben darf. Aber die Kriminalstatistik beweist, dass es sich bei diesen Straftätern häufig um die eigenen Väter handelt, um Verwandte und nahe Bezugspersonen, aber so gut wie nie um die Großvätergeneration.

Vom sexuellen Genuss auch ohne Orgasmus sprechen 70-80jährige, von der Freude am Masturbieren, von der Notwendigkeit eines verlängerten Vorspiels, das oft den Verkehr ersetzt - alles in allem ein recht positives Bild der Sexualität des älteren Mannes. Die Lektüre solcher Aussagen mag eine befreiende Wirkung auf manche ältere Leser haben. Bei aller Verblüffung über die Unbefangenheit der Berichte könnte der Leser sich da oder dort wiedererkennen oder sich zu freierem Verhalten ermutigt fühlen.

Aber auch das Gegenteil lässt sich als Reaktion vermuten, etwa das Gefühl, prahlerischen Verharmlosern der eigentlichen Sexualmisere aufzusitzen, von oberflächlichen Übertreibungen getäuscht zu werden. Natürlich ist auch im Alter alles möglich und alles erlaubt, was beiden Partnern Freude macht und Befriedigung verschafft. Wenn man nur immer wüsste, was das ist. Und wie es sich lustvoll mit dem eigenen Partner oder der eigenen Partnerin erleben lässt. Die Flut gut gemeinter, aber eben doch recht allgemeiner und 'technischer' Ratgeber hat offenbar nicht viel am Sexualverhalten und besonders an den Sexualnöten älterer Menschen ändern können. Ihre Lektüre mag ein Bedürfnis nach Voyeurismus ebenso befriedigen wie das nachmittägliche Betrachten der 'Talk-Shows', die in ihrer Mehrzahl immer mehr zu exhibitionistischen Veranstaltungen verkommen.

Nichts davon ist 'repräsentativ', auch wenn es immer wieder behauptet wird. Das Verhängnis scheint besonders darin zu liegen, dass naive Konsumenten die mannigfachen positiven Schilderungen 'entspannter', 'enthemmter', 'freier' Sexualität gerade älterer Menschen für eine 'Norm' halten, der man eigentlich entsprechen müsste. Solche Erwartungen münden nicht selten in Zwänge und schließlich in Ängste, die erst recht zum Versagen führen.

In allen Beratungseinrichtungen und erst recht in psychotherapeutischen Praxen erfährt man, wie außerordentlich individuell Einstellungen zur Sexualität älterer Menschen differieren, sodass sich grundsätzlich nur wenige allgemeinverbindliche Aussagen machen lassen. Doch darauf kommt es in der Praxis auch gar nicht an. Es geht vielmehr um therapeutische Hilfen, die entdecken lassen, welche Bedürfnisse in einem konkreten älteren Menschen mehr oder weniger verborgen liegen und wie es möglich sein kann, sie unter den individuellen Bedingungen des therapeutischen Partners wenigstens partiell zu leben. Es ist eine alte Erkenntnis der Psychotherapie, dass kognitive Einsichten noch lange keine Befreiung des Verhaltens nach sich ziehen. Die Blockaden mit ihren Verstimmungen, ihrer Resignation und vor allem ihren Versagensängsten liegen ja nicht im Intellekt, sondern gründen in tieferen Schichten, die es zu erreichen gilt.

Wir haben vom Vorbehalt gesprochen, der bei allen Statistiken über Sexualverhalten geboten ist. Eine Studie (»Duke Longitudinal Study«) etwa beschreibt ca. 60 % aller 60- bis 74jährigen Personen als 'sexuell aktiv', 30 % der 75- bis 84jährigen und nur etwa 10 % im Alter danach. Doch was heißt das eigentlich? Was bedeutet hier 'sexuell aktiv'? Ist Geschlechtsverkehr gemeint? - Masturbation zu zweit oder allein, als 'Sex for one'? -

Bedeutet es allgemein 'sexuelles Interesse ', etwa auch oder besonders an Pornographie in ihren verschiedenen Darbietungsformen?- Ist der alte Mann mit besonderer Affinität zu ihn erotisch stimulierenden Kindern 'sexuell aktiv'? - Immer wieder entsteht die Versuchung, statistische Angaben für verbindlich, ja vielleicht sogar für objektiv zu halten und dem Druck einer vorgeblichen Normalität zu unterliegen. Letztlich geht es um die Qualität von Partnerbeziehungen im Alter, bei denen Sexualität nur einen Teil darstellt, wenn auch nach Einschätzung vieler einen wichtigen.

Simone de Beauvoir bestätigt: »Vergleichende Statistiken zeigen, dass selbst unter den verheirateten Männern die Masturbation weit verbreitet ist. Der Koitus ist weit komplexer und schwieriger, da er einen Bezug zum anderen darstellt. Ohne Zweifel ziehen ältere Männer in vielen Fällen ihre Phantasievorstellungen dem verbrauchten Körper der Gefährtin vor«.

Und wieder ist zu fragen: Können aus diesen Tatsachen irgendwelche Empfehlungen abgeleitet werden? - Erfahrene Psychotherapeuten werden sehr zurückhaltend sein, wenn sie immer wieder der Bitte nach praktischen Ratschlägen ausgesetzt werden.

Potenzverlustängste begegnen älteren Männern in doppelter Form. Einerseits bewegt die bange Frage, welche Koitusfrequenz im vorgerückten Alter 'normal' sei. Und viel einschneidender: Bedeuten Versagenserlebnisse den unwiederbringlichen Verlust der 'Männlichkeit'? -

Erektionsstörungen lassen sich auch als Körpersprache verstehen, durchaus nicht immer, aber doch häufiger, als man allgemein vermutet. Oft gehen sie auch schon in jüngeren Jahren einher mit Ein- und Durchschlafstörungen, mit Kopfschmerzen, Verdauungsproblemen, Muskelverspannungen, eingeschränkter Konzentration und Nervosität. Man findet diese Erscheinungen besonders bei leistungsorientierten Menschen, deren Leben bestimmt war durch Ehrgeiz, Rivalität im Führen und Folgen, von Aufstieg und Erfolg. Vereinfacht lässt sich sagen, dass all diese Verhaltensweisen und Lebenseinstellungen somatische Funktionsstörungen geradezu nach sich ziehen, und dass im Gegensatz dazu Lässigkeit und Gelassenheit, besonders aber Mut und Fähigkeit zur Muße diese Einschränkungen der körperlichen Befindlichkeit mildern oder ganz beseitigen, eben auch eine Erektionsstörung.

Es fehlt nicht an Angeboten, Erektionsstörungen mit verschiedenen Hilfsmitteln zu beheben. Beispielsweise lassen sich halbsteife Kunststoffstäbe in die Schwellkörper des Penis einsetzen. Das Glied kann über ein Scharnier 'verschwenkt' werden, und das muss schon deshalb sein, weil der operative Eingriff eine scheinbare Dauererektion bewirkt. Es lassen sich auch Injektionen gefäßerweiternder Substanzen in die Schwellkörper vornehmen, die eine Erektion bis zu anderthalb Stunden hervorrufen. Sind die Erektionsstörungen nicht allzu intensiv, kann eine Vakuumpumpe, über den Penis im schlaffen Zustand gestülpt, Hilfe bieten. Komplizierter funktioniert die hydrauliche Prothese. Ein Flüssigkeitsbehälter mit physiologischer Kochsalzlösung wird implantiert, zwei schlauchartige Zylinder liegen in den Schwellkörpern; mit einer Handpumpe im Hodensack lässt sich die Flüssigkeit einpumpen und fließt später wieder zurück.

Verständlichweise sind alle operativen Eingriffe mit Risiken verbunden, auch mit dem der Entzündung durch die Implantate. Umschnallbare Prothesen mit Kunststoffpenis haben zwar kein körperliches Risiko, befriedigen aber meist nicht. Die Neuentwicklung der 'Potenzpille' Viagra scheint eine Lösung des Problems zu bieten.

Ein erstaunliches und wegen mancher geradezu poetischer Formulierungen amüsantes Buch stammt von dem italienischen Sexualwissenschaftler Paolo Mantegazza aus der zweiten Hälfte des 19.Jahrhunderts. Auch er hat, lange vor Kinsey, Masters, Johnson und Shere Hite Umfragen angestellt, deren Ergebnisse er in seiner damals viel beachteten „Hygiene der Liebe" widergibt.

»Von 38 und von 50 Jahren aufwärts ist der Mann, je nach Umständen, noch ein Streiter der Venus, aber um die Schlacht zu liefern, muss er Zeit und Ort wählen und kann nicht immer den angebotenen Kampf aufnehmen. Er hat eine gegebene Stunde, wo er große Dinge vollführen kann, aber es gibt auch viele Stunden, wo er den keuschen Josef spielen und die gefährlichen Gelegenheiten fliehen muss. Zuweilen ist ihm der Zeitpunkt gleichgültig, aber er bedarf der berühmten drei 'C', von denen ein Mailänder Sprichwort redet: 'Carezze', 'Caldo', 'Comodo' (Liebkosungen, Wärme, Bequemlichkeit). Die plötzlichen Angriffe sind ihm fast stets verboten, und beim Bajonettkampf ist er wenig geschickt; um die Festung zu nehmen, muss er Laufgräben anlegen und die ganze Strategie des vorigen Jahrhunderts befolgen. Die Fälle sind nicht selten, wo der reife oder alte Mann gute Proben seiner Manneskraft ablegen kann, aber nur mit einer einzigen Frau, nämlich seiner langjährigen Ehefrau und Konkubine; er braucht unbeschränkteste Vertraulichkeit«.

Diese Beobachtungen Mantegazzas werden durch zahlreiche Aussagen bestätigt. Andererseits ist häufig von

Überdrussphänomenen die Rede. Die vertraute, oft jahrzehntelange Partnerin verliert nach männlichem Empfinden an Attraktivität. Natürlich altert ihr Körper wie der des Mannes auch, doch es scheint, dass Frauen diese Entwicklung am Partner besser kompensieren können als Männer an ihren Partnerinnen. Paolo Mantegazza formuliert die Meinung des 19.Jahrhunderts in blumig-anschaulicher Weise: »In meinen 'Grundzügen der Hygiene' habe ich dem statistischen Bedürfnis meiner Leser entsprochen und auch ich habe meine Liebesberechnung gegeben. Ich schrieb, dass der rüstige Mann zwischen 20 und 30 Jahren der Venus ungestraft drei- oder viermal wöchentlich opfern kann, und dass er vom 30. bis 45. Lebensjahr der Vorschrift Luthers folgen kann: ' In der Woche zwier, macht des Jahres hundertvier, schadet weder dir noch mir'. Nach dem 45. Jahre, fügte ich hinzu, müsste eine Umarmung in der Woche, ja selbst weniger genügen, und auch während der ersten Reifejahre müsste das Maß dasselbe sein«.

Diese Empfehlungen galten wohl nicht einmal für das 19. Jahrhundert und haben heute erst recht so gut wie gar keine Bedeutung. Alle Statistiken auf diesem Gebiet beruhen auf Angaben der Befragten, deren Aufrichtigkeit nicht zu überprüfen ist; individuelle Unterschiede schwanken so weit, dass sich 'Normalität' kaum ermitteln lässt. Auch Mantegazza wusste das und bemerkt: »Man nehme diese hygienische Berechnung für das, was sie wert ist und bedenke stets, dass diese Ziffern für manche zu groß, für andere zu klein sind. Nichts ist launenhafter und wechselvoller als das Liebesbedürfnis bei den verschiedenen Individuen«. Über den Geschlechtsverkehr in höherem Alter erfährt man: »Das Verschwinden der Mannbarkeit hat keine festen Grenzen; während einige schon mit fünfzig Jahren einen unbeschränkten Urlaub von der Venuspriesterschaft erbeten und erhalten haben, pflücken andere noch mit siebzig, ja mit achtzig Jahren einige späte Blumen im Garten der Kypris (= Aphrodite). Im allgemeinen wird es nach dem sechzigsten Jahre für alle gut sein, mit ihren Begierden haushälterisch umzugehen. In dem kurzen Zeitraum meiner Erhebung habe ich fünf Greise kennengelernt, die in den Armen eines Weibes gestorben sind. Viele dieser Fälle bleiben aus abergläubischer Scham verborgen, aber sie sind häufiger, als man denkt«.

Mit nicht ganz origineller Weisheit teilt Mantegazza die 'Manneskraft' in zwei Zeitabschnitte ein, nämlich in den mit dem Motto 'Je fais quand je veux' und den anderen mit der Maxime 'Je fais quand je peux'.

Wer von Potenzschwierigkeiten spricht, meint Erektionsprobleme. Und die sind keine Alterserscheinung, obwohl sie gewiss im Alter vermehrt auftreten. In der psychotherapeutischen Praxis begegnet man Männern unterschiedlicher Altersstufen mit derselben Sorge, dass nämlich ein sonst immer zuverlässig stimulierender optischer Reiz plötzlich keine automatische Erektion hervorruft oder dass bei Begegnung mit einer neuen und durchaus attraktiven Partnerin sich keine körperliche Erregung einstellt. Die Sexualität beider Geschlechter ist aber nichts 'Automatisches', sondern ein hoch differenzierter und leicht störbarer Prozess. Ein wie auch immer gearteter sexueller Stimulus erregt eben nicht 'automatisch' in jeder Situation, und das ist eine ganz natürliche Erscheinung.

Wegen der hohen Bedeutung der Erektionsfähigkeit für das männliche Selbstwertgefühl verbinden sich Versagenserlebnisse mit Ängsten. Dabei lässt sich unschwer feststellen: Männliche Impotenz ist außerordentlich häufig nichts weiter als Angst vor der Impotenz. Das eigentliche Zentrum der Sexualität sind ja nicht die Geschlechtsorgane, sondern ist das Gehirn. Sexuelle Stimulation und Orgasmus hängen ab von einem komplizierten sowohl hormonellen wie auch neuralen Zusammenspiel, das durch Angst blockiert werden kann; die Sexualität bleibt gewissermaßen im Kopf stecken, sie ist 'verkopft' (Tobias Brocher). Misserfolgserlebnisse verführen zum Verzicht und damit zur Resignation. Masters und Johnson schreiben: „Die Bedeutung, die die Angst vor dem sexuellen Versagen beim alternden Mann für seinen Verzicht auf sexuelle Betätigung hat, kann nicht hoch genug bewertet werden. . . Wenn ein Mann irgendwann einmal impotent war, zieht er sich meist lieber freiwillig von jeder sexuellen Betätigung zurück, als dass er sich erneut der Möglichkeit eines seelisch übermäßig beanspruchenden Sexualversagens aussetzt. Vergessen wir nicht, dass es ganz nahe liegende Ursachen für Potenzstörungen im Alter gibt. Dazu gehören Beruhigungs- und Schlafmittel, aber auch diverse Krankheiten wie etwa Diabetes

Nicht selten geben diese Männer für ihr Zurückziehen unwesentliche Gründe an und glauben sie am Ende auch, statt die Tatsache, dass bei ihnen die normale Altersinvolution abläuft, zu akzeptieren".

Doch hier liegt ein neues Problem. Was ist eine 'normale Altersinvolution' eigentlich ? - Woher kommen die eindrucksvollen Unterschiede im Sexualverhalten älterer Menschen, von denen immer wieder berichtet wird?

Die mögliche Antwort klingt banal: Es sind eben verschiedene Menschen mit sehr unterschiedlichen Konstitutionen, die unterschiedlich gelebt haben und nun auch sehr individuell altern. Die Altersexualität von Mann und Frau, so lässt sich vielleicht vereinfacht sagen, wird wesentlich mitbestimmt von der Einstellung zur Sexualität und der eigenen Sexualpraxis im Lauf der bisherigen Biographie. Man sollte sich mit dem simplen Begriff der 'Normalität' nicht begnügen, der sich immer auf eine mittlere Verteilung, auf eine Quantität bezieht. Besonders ältere Menschen sollten bedenken, dass der Koitus nur einen Teil von Sexualität und Erotik bedeutet; eine geringe Koitusfrequenz widerspricht durchaus nicht tiefem erotischen Bedürfnis..

Allerdings kann die Inaktivierung der Geschlechtsorgane zu einer Regression führen, zu einer Rückentwicklung der Alterssexualität ins Oral- oder Analstadium. Tatsächlich zeigt die Beobachtung, dass manche Greise maßlos im Essen sind, andere tief besorgt um ihre Verdauungsfunktion. Doch ist das wirklich das Schlimmste, was sich – bei subjektiver Zufriedenheit – im Alter ereignen kann?

Weibliche Sexualität im Alter

Als die Fürstin Metternich einmal gefragt wurde, wann denn die sexuellen Bedürfnisse aufhören, antwortete sie: »Ich weiß es nicht, ich bin erst 65...«. Tatsächlich spricht nichts dafür, dass sexuelles Verlangen bei Frauen im höheren Alter nachlässt.

Der Hite-Report (Shere Hite »Sexual Honesty - by women for women«; deutsch: »Weibliche Sexualität«) ist wegen der Auswahl der Interviewpartnerinnen fragwürdig. Mitglieder feministischer Gruppen sind überrepräsentiert, ebenso intelligente Frauen, die weitgehende sexuelle Emanzipation vertreten. Mit dieser Einschränkung bestätigen aber viele Aussagen die These, dass erfüllte Sexualität für Frauen auch im Alter nicht nur wünschbar, sondern auch praktizierbar ist. Einige Beispiele:

»Was mich betrifft, so wird Sex durch das Alter unter richtigen Bedingungen nur besser. Mein Mann und ich haben uns vom Berufsleben zurückgezogen und finden Sex um hundert Prozent besser, weil jetzt keine Kinder mehr im Haus sind und keine Verwandten und unsere Zeit nur noch uns selbst gehört. . .«

»Ich bin sechsundsechzig und mein Verlangen nach Sex hat nicht abgenommen«.

»Ich bin siebenundsechzig und finde, dass das Alter sich nicht sehr auf die Sexualität auswirkt. Es sind die Umstände, die entscheiden«.

»In meinem Alter (78 J.) und ohne jede Verantwortung will ich nicht mehr heiraten, habe aber immer noch sexuelles Verlangen, wodurch ich 15-20 Jahre jünger aussehe. Ich möchte mein Leben voll ausschöpfen bis zur Neige«.

Solche positiven Äußerungen können durchaus der eigenen Überzeugung entsprechen und erfülltes Sexualleben bezeugen. Aber sie könnten auch Versuche der Überkompensation eines Mangelzustandes sein.

Durch Verhalten, Auftreten und vielfältige Aktivitäten entwerfen manche Frauen für sich und vor allem für andere das Gegenbild zur 'alten Frau'. Das Schlagwort vom 'zeitlosen Altern' ist ein Widerspruch in sich, denn Altern bedeutet ja gerade einen Vorgang in der Zeit. Nichts kann ihn aufhalten, keine modische Tarnung, keine kosmetische Korrektur, keine ‚Schönheitsoperation'. Andererseits offenbaren Auftreten und Erscheinungsbild der älteren Frau die Qualität ihres Selbstwertgefühls. Doch das bedeutet auch, dass sich unvermeidliche körperliche Veränderungen nicht dauerhaft verleugnen lassen.

Zweifellos ist jedoch auch heute noch das Selbstwertgefühl der alternden Frau wesentlich stärkeren Belastungen ausgesetzt als das des alternden Mannes. »Das Männliche ist nicht eine Beute des Alters; von ihm verlangt man nicht Frische, Sanftheit, Anmut, sondern Stärke und Intelligenz des Eroberers; weiße Haare und Falten stehen nicht im Widerspruch zu diesem männlichen Ideal« (S. de Beauvoir). Die alternde Frau dagegen sieht sich dem Druck der öffentlichen Meinung ausgesetzt; sie weiß sehr genau, wie streng man über sie urteilt, und man verlangt, dass sie sich dem Klischee der asexuellen, abgeklärten Greisin unterordnet. Es handelt sich dabei um einen subtilen Zwang, dem zu widerstehen sehr viel Selbstbewusstsein und damit Emanzipation voraussetzt. Wie stark dieser Zwang durch Internalisierung wirkt (»Die Leute könnten ja doch recht haben...«), lässt sich in vielen Äußerungen älterer Frauen zum Selbstbild erkennen. Renate Daimler berichtet davon in ihrem Buch »Verschwiegene Lust«:

»Zuerst kommt die Reife, aber dann kommt das Schrumpeln. Alles, was mir in der Natur nicht gefällt, die schrumpeligen Äpfel, das welke Laub, das gibt es beim Menschen auch. Ich sehe es auch bei den anderen Frauen: Die ziehen oft Dinge an, die nicht mehr zu ihnen passen, und zeigen, wie da alles wabbelt. Man sollte sich eben nicht mehr ausziehen. Solange man angezogen bleibt, ist alles in Ordnung« (Viviane, 74 J.).

Eine Langzeitstudie im Saarland mit älteren Menschen aus der sozialen Grundschicht der Bevölkerung (zwischen 65 und 82 Jahren) befasste sich u.a. auch mit dem Selbstbild der Körperlichkeit. Das nicht sehr überraschende Ergebnis bestand darin, dass die eigene Körperlichkeit von älteren Frauen offenbar signifikant negativer empfunden wird als sie ältere Männer bei sich einschätzen. Nach ein paar Monaten des Vertrautwerdens wurde vorgeschlagen, künftig gemeinsam schwimmen zu gehen. Die Idee stieß vorwiegend auf Skepsis bis Widerstand. Nur eine Minderheit war in letzter Zeit im Schwimmbad gewesen; die Mehrheit meinte etwa, das sei doch nichts für alte Menschen, man wolle niemanden erschrecken, man könnte sich blamieren, übrigens besäße man ja auch gar keinen Badeanzug mehr. Die Gruppe ließ sich dennoch aufs Probieren ein und schließlich überwog die Freude am eigenen Mut, an der wohltuenden Bewegung im Wasser, an der ungewohnten Form der Geselligkeit, aber auch daran, »es den anderen mal zu zeigen«. Immerhin, auch hier bewies sich die Wirkung antizipierter Vorurteile der Umwelt.

Häufig klingen Äußerungen zur eigenen Sexualität ziemlich resignativ. Renate Daimler zitiert Claudia, 65 J.: »Es gibt sowieso keine Männer. Wo sind sie? - Ich habe schon alles probiert. Ich war in einem internationalen Club. Da saßen nur frustrierte Frauen herum. Ich habe auf Annoncen geantwortet. Da haben die Männer auf eine Prinzessin gewartet. Manchmal befriedige ich mich selbst. Aber es ist ein schlechter Ersatz. Früher habe ich immer dabei geweint«.

Ja, wo sind die Männer? - Gerade die im höheren Alter sind bei ihren Frauen oder Partnerinnen. Für den Mann ist die häufigste Lebensform im Alter die Ehe. Von den über 65jährigen Frauen sind dagegen nur 28 % verheiratet, 72 % leben allein, und zwar in der Mehrzahl verwitwet. Stark vereinfacht lässt sich folgern: Alterssexualität ist überwiegend das Problem allein lebender älterer Frauen.

Hanna, 79 J., erzählt: »Die Männer im Heim, die sind alt und desinteressiert. Man muss sich damit abfinden, dass man das, was man vermisst, durch etwas anderes ersetzt«. Zum Beispiel durch sexuelle Phantasien. Sie regen zur Masturbation an und begleiten sie.

»Ich kann mich gut selbst befriedigen. Ich habe schöne sexuelle Phantasien. Da wechseln die Männer, an die ich denke. Vor kurzem hatte ich im Traum ein sexuelles Erlebnis mit einem Frauenkörper. Ich hatte das Gefühl, diesen Körper habe ich selber gemacht in diesem Moment; es war sehr aufregend und erotisch. Vielleicht war es mein eigener Körper aus der Jugend, er hat so ähnlich ausgesehen« (Lena, 75 J.).

Die naheliegende Möglichkeit des 'Sex for one', also der Masturbation, ist so selbstverständlich nicht. Ältere Frauen, sehr viel häufiger als Männer, sprechen davon, dass sie bei der Selbstbefriedigung Skrupel plagen. Manchmal wird sie als 'widernatürlich' empfunden, manchmal haben die Skrupel - wenn auch noch so verborgene - religiöse Wurzeln. Eine davon reicht zurück bis zum Buch Genesis. Judas Sohn Er war gestorben. Nach der Sitte der Zeit forderte Juda seinen anderen Sohn Onan auf, mit der Witwe seines Bruders die Schwagerehe einzugehen, um Nachkommen zu zeugen. Aber Onan vollzog nicht den gebotenen Geschlechtsakt. »Sooft er zur Frau seines Bruders ging, ließ er den Samen zur Erde fallen und verderben, um seinem Bruder Nachkommen vorzuenthalten. Was er tat, missfiel dem Herrn und er ließ ihn sterben« (Gen 38, 9 - 10). Onan praktizierte also nicht 'Onanie', sondern den Koitus interruptus. Das immer noch da und dort aktuelle kirchliche Verbot der Masturbation für Männer und Frauen lässt sich nicht begründen.

Der Hinweis auf den biblischen Sachverhalt bewirkt freilich wenig. Neurotische Ängste lassen sich nicht durch aufklärerische Hinweise beschwichtigen. Andere Wurzeln für Skrupel vor oder bei der Selbstbefriedigung stecken im weiten Feld körperkritischer bis körperfeindlicher Erziehung. Freilich: 'Inter faeces et urinam nascimur', das wussten schon die Alten. Die Scheide, Geschlechtsöffnung und Geburtsweg, liegt zwischen After und Harnröhrenausgang. Wohl erst das bürgerliche Zeitalter hat die Prüderie und die von Angst getönte Abscheu vor dem Unterleib, seinen Organen und natürlichen Funktionen produziert.

Wer sich eine Vorstellung von der 'Aufklärung' noch um die Jahrhundertwende machen möchte, dem bietet das köstliche Büchlein von Richard Blank »Der beseelte Unterleib« reichlich Material. Man findet dort Auszüge aus der Erziehungsliteratur der Jahrhundertwende, auch zu dem für die damalige Zeit offenbar zentralen Thema der Selbstbefriedigung. Sie gilt selbstverständlich als Sünde, aber: »Man erleichtert dem armen Sünder das Geständnis, indem man die Sache zunächst mehr als Unglück denn als Schuld hinstellt. . . Die an das Kind zu richtenden Fragen werden ungefähr so lauten: 'Hast du dich an solchen Körperteilen berührt, die man immer zudecken soll? - Allein? - Nur einen Augenblick? -' In diesem Fall ist es meist nur Gedankenlosigkeit und Mutwillen. 'Das tun anständige Leute nicht, das hat Gott verboten, das darf nicht mehr geschehen, sonst müsste man dich strafen'.

Gesteht das Kind länger dauernde Berührung zu, wäre zu forschen: 'Hast du daran große Lust gehabt? - ' Ist der schlimme Fehler festgestellt, müssen sofort die richtigen Mittel zur Heilung angewandt werden. Körperliche Züchtigung ist nur bei kleineren Kindern angezeigt«.

Hier handelt es sich um groben pädagogischen Unfug, der sich aber in vielfältiger Form bis in den Erziehungsalltag der Gegenwart fortsetzt, ja auch in üblen Deformationen der Beichtpraxis. Man spricht zu Recht von 'ekklesiogenen Neurosen', von seelischen Fehlentwicklungen, die durch Missverständnisse religiöser Überlieferung ausgelöst werden und sich meist verhängnisvoll auf die persönliche Einstellung zur Sexualität auswirken.

Bei nicht wenigen älteren und allein lebenden Frauen zeigen sich Spätfolgen zunächst als gesteigerte Skrupel vor Selbstbefriedigung. Und gerade Frauen, die sie auch in jüngeren Jahren nur gehemmt zuließen, werden auch im Alter keinen Genuss dabei finden.

»Ich unterdrücke meine Sehnsucht nach Zärtlichkeit, nach Sexualität, und das fordert eine große Selbstbeherrschung von mir. Das ist ein Punkt des großen Unglücks in einem Leben. Früher habe ich mich oft selbst befriedigt, und manchmal tue ich es immer noch. Ich hätte natürlich lieber einen Mann. Aber um meinen Körper zu spüren, ist es besser als nichts. Heute komme ich ohne Sexualität einigermaßen aus. Aber ich habe viele Jahre darunter gelitten« (Judith, 71 J.).

Während viele ältere Männer ohne unüberwindliche Hemmungen Sex - Shops aufsuchen, wird das von älteren Frauen nur selten berichtet.

»Ich habe mir von einem Erotik -Versand einen Katalog schicken lassen. Da hab' ich wirklich gestaunt, was es so alles gibt für Frauen. Ich musste immer wieder reingucken; aber ich hab' mich nicht getraut, was zu bestellen. Eines Tages hat meine Freundin den Katalog zufällig entdeckt. Und sie hat in ihrer forschen Art gesagt: 'Menschenskind, Alma, lass dir doch so'n Ding kommen, so was macht doch ganz andern Spaß'. Ich hab mir also so'n Ding bestellt und war zuerst richtig schockiert, als der Vibrator ankam. Sah richtig natürlich aus, nur ein bisschen größer. Zuerst hab' ich mich ja nicht getraut, schließlich hab' ich' doch probiert - aber eigentlich schaff' ich's nicht, nee, das geht einfach nicht...« (Alma, 66 J.).

Wenn es zutrifft, dass die Alterssexualität vorwiegend ein Problem für allein lebende ältere (verwitwete) Frauen ist, dann fragt sich, wie das Geschlechtsleben dieser Frauen sich darstellt.

Das hängt zunächst von der Art des Selbstbildes der älteren Frau ab. Francois Villon (1431 - 1463) hat ein besonders negativ gefärbtes in seinem »Klagelied der schönen Helmschmiedin« beschrieben:

„Wenn ich mich ganz nackt gewahr

und wie meine Schönheit ging von hinnen,

arm, winzig, dürr, der Fülle bar,

werd ich fast toll in meinen Sinnen."

Schon Lukian im zweiten nachchristlichen Jahrhundert hält einer alten Frau entgegen: »Du kannst dir wohl deine Haare färben, aber nie vermagst du dein Alter zu färben, nie die Falten auf deinen Wangen unsichtbar zu machen... Weder Zinnober noch Bleiweiß können aus Hekuba eine Helena machen«.

Lieselotte von der Pfalz (1652 - 1722) schreibt an ihre Tante: »Nun bin ich alt und schwer, das gibt große verenderung. Meine verrunzelte augen, meine hengende große backen, meine schneeweiße haar, meine höhle zwischen den ohren und backen, und mein groß doppelt kinn würde E. L. (‚Euer Liebden') gar nicht an Lieselotte erinnern. Ich gleich mir selbsten in nichts mehr, mein langer hals ist ganz kurz geworden, habe nun dicke breyte schulteren, abscheuliche dicke hüften; meine bein seins mehr als dick, denn sie seind sehr geschwollen. Da sehen E.L. wohl, dass sie mich in dieser figur gar nicht kennen würden. Wenn ich den mund auftue, seind meine zähne auch sowohl in einem elenden stand: einer ist gebrochen, der andere ist schwarz; summa: überall ist elend in meiner ganzen person. Aber was will man tun? man muss wohl sein partie nehmen in was nicht zu endern steht. . .«

Dem älteren, 'reifen' Männerantlitz wird eine gewisse Schönheit, ja sogar erotische Ausstrahlung nicht abgesprochen. Für Gesicht und Körper der älteren Frau gilt das nur sehr eingeschränkt. Schopenhauer schreibt darüber in 'Die Welt als Wille und Vorstellung': „Die oberste, unsere Wahl und Neigung leitende Rücksicht, ist das Alter. Im ganzen lassen wir es gelten von den Jahren der eintretenden bis zu denen der aufhörenden Menstruation, geben jedoch der Periode vom 18. bis zum 28. entschieden den Vorzug. Außerhalb jener Jahre hingegen kann kein Weib uns reizen. Ein altes, das heißt nicht mehr menstruierendes Weib, erregt unsere Abscheu. Jugend ohne Schönheit hat immer noch Reize, Schönheit ohne Jugend keinen".

Nun ist Schopenhauer kein zuverlässiger Gewährsmann für die Beurteilung von Frauen; aber etwas mag wohl an seiner Beobachtung stimmen. Bedeutung bekommt sie dadurch, dass offenbar viele ältere Frauen sich dieses Meinungsklischee von Männern zu eigen machen und ihre eigene Attraktivität unterbewerten. Aus Selbstzweifeln können sich Komplexe entwickeln, die manchmal nur schwer zu bearbeiten sind. Dass Lebens- und Liebeserfahrung hohe Werte sind, die bis ins späte Alter nachwirken, können nur solche Frauen für wahr halten, die diese Erfahrungen besitzen.

Aber es kann auch geschehen, dass nach längerer Enthaltsamkeit Sexualität wie ein Blitz einschlägt. Claire Goll schreibt in ihrer Autobiographie »Ich verzeihe keinem«: »Im Alter habe ich von einem sehr jungen Mann die Liebe kennengelernt. Wie einst bei Goll brauchte ich sechs Monate, um zu begreifen. Dann war es wie eine Lawine. Ein völliger Umsturz meiner Tage und Nächte. Nach zehn Jahren Enthaltsamkeit war ich wieder Jungfrau. Zwischen ihm und mir ereignete sich die unverständliche, aber alles überstrahlende Entdeckung der

Sexualität. Erst durch ihn erfuhr ich, dass ich ein Leben hinter mich gebracht hatte, ohne den Orgasmus kennenzulernen, den alle Frauen ersehnen. . . Nie hatte ich im Bett einem Mann die Stirn geboten, willig hatte ich mich ihm untertan gemacht und mich dem Rhythmus seiner Wünsche angepasst«.

Bezeichnenderweise ereignen sich solche erotischen ‚Stürme' bei älteren Frauen offenbar sehr viel seltener als bei älteren Männern. Nichts daran ist 'natürlich'; zweifellos liegt eine der Ursachen in der seltsam verzerrten Wahrnehmung der Öffentlichkeit. Die Verbindung eines älteren Mannes mit einer wesentlich jüngeren Frau wird eher positiv registriert, die einer älteren Frau mit einem wesentlich jüngeren Mann als 'verdächtig': Treibt sie Sex mit einem Substitut ihres erwachsenen Sohnes? - Ist sie pervers? - Hält sie den Jungen für seine 'Liebesdienste' finanziell aus? - Wir sind offenbar weit davon entfernt, altersmäßig ungleiche Verbindungen in beiden Fällen als gleichwertig zu empfinden.

27 Jahre nach dem Tod ihres Mannes Ivan Goll, mit dem sie gemeinsam die »Poèmes d'amour« verfasst hatte, schreibt Claire Goll: »Ich habe einige Männer geliebt, und sehr viel mehr haben mich geliebt, aber erst mit 76 Jahren hatte ich meinen ersten Orgasmus. Ungeachtet meiner Abenteuer und Liebschaften habe ich dieses Alter erreichen müssen, damit ein 20jähriger Junge mich lehrte, dass eine Frau den Liebesakt auch auf andere als unterwürfige Art erleben kann«.

Selbstverständlich gibt es auch Anorgasmie bei Frauen, für manche und keineswegs alle verbunden mit dem Gefühl des Unbefriedigtseins. Nicht selten wird dann dem Partner ein Orgasmus vorgespielt. Das mag, wie bei Claire Goll, vorwiegend am Mann liegen, doch ein vergleichbares Impotenzgefühl ergibt sich daraus für die Frau nicht. Es bleibt aber das Unbefriedigsein.

Professor Alexander Comfort, Humanbiologe und Vertreter einer menschenfreundlichen Sexualmoral, beschäftigte sich mit diesem Phänomen am University College in London. Er kam mit seiner Forschungsgruppe zu dem Ergebnis, dass die sexuelle ‚Leistungsfähigkeit' der Frau, wenn man sie nach dem Orgasmus beurteilt, viel weniger abnimmt als die des Mannes. ‚Frigidität' ist keine normale Folge des natürlichen Alterns, sondern hat überwiegend psychische Ursachen. Einerseits wird sie durch Angstgefühle, andererseits aber häufig auch bis heute durch traditionelle, eben immer noch nicht überwundene traditionelle Einstellungen beeinflusst.

W.H.Masters von der Medizinischen Fakultät der Washington University fand heraus, dass psychische Faktoren bei der sexuellen Aktivität älterer Frauen nach der Menopause eine mindestens gleich große, wenn nicht größere Rolle als hormonelle Veränderungen spielen. Masters betont, dass das Klimakterium keine Veränderung der sexuellen Kapazität, Leistungsfähigkeit oder Libido nach sich zieht.

Die gesunde ältere Frau hat normalerweise immer noch einen Geschlechtstrieb, der nach Befriedigung verlangt. Sollte das in der eigenen Partnerschaft nicht mehr möglich sein, suchen diese Frauen nicht selten einen Ersatz, häufig bei jüngeren Männern. Manchmal aber gelingt es auch, die eingefahrenen und nun unbefriedigenden Sexualpraktiken zu verändern und dadurch zu beleben.

Gerade hier scheint eine besondere Verantwortung des Therapeuten zu liegen, um die nahe liegende Versuchung der ‚Ratschläge' zu vermeiden. Dazu gibt es eine beklemmende Fülle gut gemeinter Literatur, die häufig außer Acht lässt, was den Ratsuchenden eigentlich zumutbar sei.

Analytisches zum Alterssex

Auf den ersten Blick ist es erstaunlich, wie wenig Interesse die Psychoanalyse dem höheren Lebensalter und den Spätformen der Sexualität zuwandte. Aber bei näherer Betrachtung bieten sich zwei Erklärungen an. Der Analytiker Hartmut Radebold (in Ohlmeier, »Psychoanalytische Entwicklungspsychologie«) bemerkt: »Die psychoanalytische Forschung befasst sich auf Grund des genetischen Prinzips vornehmlich mit den Entwicklungs- und Reifungsschritten des menschlichen Individuums, den dazu notwendigen Bedingungen, optimalen Voraussetzungen und den vielfältigen Störungsmöglickeiten dieses Prozesses. Da die entscheidenden Prägungen der Charaktereigenschaften, Verhaltensweisen und Triebäußerungen bis zur Pubertät abgeschlossen sind, konzentriert sich das analytische Interesse verständlicherweise auf die Säuglings-, Kinder - und Jugendzeit«.

Ein anderer Grund für die analytische Enthaltsamkeit gegenüber dem höheren Lebensalter beruht auf Freuds Meinung, schon die Nähe des fünften Dezenniums schaffe ungünstige Bedingungen für die Psychoanalyse. Die Masse des psychischen Materials sei dann nicht mehr zu bewältigen und die Fähigkeit, psychische Fehlentwicklungen rückgängig zu machen, beginne zu erlahmen.

Bei einem Vortrag in Wien (1904) äußerte sich Freud zu diesem Thema: »Das Alter der Kranken spielt bei der Auswahl zur psychotherapeutischen Behandlung insofern eine Rolle, als bei Personen nahe oder über fünfzig Jahren einerseits die Plastizität der seelischen Vorgänge zu fehlen pflegt, auf welche die Therapie rechnet - alte Leute sind nicht mehr erziehbar -, und als andererseits das Material, welches durchzuarbeiten ist, die Behandlungsdauer ins Unabsehbare verlängert«.

Inzwischen aber haben Psychotherapie allgemein und auch die Psychoanalyse Methoden entwickelt, die selbst älteren Menschen Hilfe bieten können. Die durchschnittliche Lebenserwartung ist seit den Tagen Freuds bedeutend gestiegen, das höhere Lebensalter gewinnt zunehmend an Interesse. Die statistische Lebenserwartung eines heute 60jährigen Mannes beträgt weitere 17 Jahre, die einer 60jährigen Frau sogar 21 Jahre. Rosenmayr (»Kräfte des Alters«) bemerkt: »Während man früher bald nach der Pensionierung starb, ist man heute halb so lang in der Rente wie im Beruf... Mit 40 bis 45 Jahren hat die Frau heute ihre grundlegenden familiären Pflichten den Kindern gegenüber beendet, aber noch 30 bis 35 Jahre Lebenserwartung vor sich. Hier zeigt sich der Überschuss der Evolution, den der Mensch allerdings bewusst noch weiter gesteigert hat. Die nachelterliche Phase dauert heute etwa zehnmal so lange wie noch vor 100 Jahren«.

Nach manchen Untersuchungen leiden wahrscheinlich 30 - 40% aller Menschen über 65 an psychischen Störungen und psychiatrischen Erkrankungen; davon entfallen etwa 50% auf psychoneurotische, psychosomatische und psychosoziale Krankheiten. Solche alarmierenden Zahlen begründeten ein zunehmendes Interesse der Analytiker, die spezifischen Konflikte und ihre Bewältigungsversuche zu verstehen. Viele der bekannten Arbeiten hierzu beziehen sich auf Erik Erikson und Theodore Lidz, wenn auch deren Resultate inzwischen teilweise wieder infrage gestellt werden müssen.

Lidz schreibt in seinem Buch »Das menschliche Leben - die Persönlichkeitsentwicklung im Lebenszyklus«:

»Obwohl man die Analogie nicht überstrapazieren sollte, geht man nicht zu weit, wenn man die Reihenfolge
der Alterungsprozesse als eine Art Umkehrung der entscheidenden Entwicklungsprozesse während der Adoleszenz deutet. Die Kraft des Sexualtriebs schwindet,
und mit ihm lassen auch die Es-Impulse nach. Auch wenn
auf Grund einer begrenzten Hormonfunktion noch gewisse sexuelle Triebbedürfnisse bestehen bleiben, gehen doch die sexuellen Strebungen jetzt wieder überwiegend, wie in der Kindheit, aus Bedürfnissen nach
affektiver Teilhabe und Abhängigkeit vom andern hervor.
Die Fähigkeiten der Ich- Kontrolle schwinden infolge
seniler Hirnveränderungen ebenso wie die Fähigkeiten
zu begrifflicher Wahrnehmung, die in der Adoleszenz
erworben worden waren. Der alte Mensch gerät wieder
zunehmend in Abhängigkeit, jetzt aber von seinen eigenen Kindern oder anderen Angehörigen der nachfolgenden Generation. Dies bedeutet zugleich, dass auch seine Autonomie und Eigenständigkeit schwinden, sodass
der alte Mensch gegenüber den für ihn Sorgenden prak-
tisch ebenso gehorsam sein muss wie in der Kindheit,
um nicht zurückgestoßen zu werden. Wenn die in der
Adoleszenz erworbenen sekundären Geschlechtsmerk-
male schwinden und die Kraft und Stärke des Körpers
nachlassen, dann schwinden auch der Stolz und das Vertrauen, die sich auf solche Merkmale und Eigenschaften stützten, und beide Geschlechter werden einander
wieder ähnlich«.

Es ist zu fürchten, daß Lidz hier genau das getan hat,
wovor er eingangs selbst warnte, nämlich die Analogie
zu überstrapazieren. Er beschreibt Zustände des Grei-
senalters, wie man sie vor allem in Heimen und bei Pfle-
gefällen antrifft. Richtig ist zweifellos, dass sich bei

manchen Altersentwicklungen Vergleiche mit der Abhängigkeit des Kindes anbieten, aber es gibt trotz gewisser Analogien kein Zurückfallen des alten Menschen in die Kindheit. Die Kindheit ist gekennzeichnet durch die graduelle Entfaltung der Persönlichkeit, und das gilt in besonderer Weise für die Entwicklung der kindlichen Sexualität bei der oft mühevollen Suche nach eigener Identität. Im alternden Menschen bleibt auch bei nachlassenden Kräften die Erinnerung bewahrt, die Fülle der Erfahrungen, aus denen sich Reife bilden kann. Überdies sind die sozialen Bedingungen der Kindheit und des Alters fundamental verschieden.

Sigmund Freud, der sich wie kein anderer vor ihm mit der menschlichen Sexualität beschäftigte, hat sich kaum zur Sexualität des höheren Lebensalters geäußert. In seiner Darstellung eines Falls von Paranoia, der Erkrankung des Senatspräsidenten beim Oberlandesgericht Dresden, Dr. Daniel Paul Schreber (1911), schreibt Freud: »Dr. Schreber war zur Zeit dieser Erkrankung 51 Jahre alt, er befand sich in jener für das Sexualleben kritischen Lebenszeit, in welcher nach vorheriger Steigerung die sexuelle Funktion des Weibes eine eingreifende Rückbildung erfährt, von deren Bedeutsamkeit aber auch der Mann nicht ausgenommen zu sein scheint; es gibt auch für den Mann ein 'Klimakterium' mit den abfolgenden Krankheitsdispositionen«.

Abgesehen von der fragwürdigen Behauptung eines 'Klimakterium virile' müssen Freuds Anmerkungen zur Sexualität des höheren Lebensalters vor dem Hintergrund seiner Biographie betrachtet werden. Der große Kritiker des Bürgertums war - wenigstens äußerlich - selbst ein Bürger par excellence. Sein Familienleben mutet an wie eine Geschichte aus der Welt des Biedermeier. Freuds Bewunderer Stefan Zweig schreibt (»Heilung durch den Geist«): »Die strenge Tür eines Wiener Mietshauses verschließt seit einem halben Jahrhundert Sigmund Freuds Privatleben. Siebzig Jahre in der gleichen Stadt, mehr als vierzig Jahre in dem gleichen Haus, Pater familias von sechs Kindern, persönlich völlig bedürfnislos, ohne andere Passionen als die des Berufs und der Berufung. . . Ständiges Tätigsein ist diesem motorischen Hirn so selbstverständlich wie dem Herzen der blutumschaltende Schlag; Arbeit erscheint bei Freud nicht als willensunterworfenes Tun, sondern durchaus als natürliche, als ständige und strömende Funktion. Eben aber diese Pausenlosigkeit der Wachheit und Wachsamkeit ist zugleich das Erstaunlichste seiner geistigen Erscheinung; hier wird Normalität zum Phänomen«.

Ludwig Marcuse nennt Freud den ʻpreußischen Wienerʼ, aber kein anderer als Freud hat entdeckt, wie häufig sich hinter der Fassade der Normalität psychische Konflikte verbergen. Freud leidet schon früh an Herzbeschwerden unbekannter Genese, mit 38 Jahren packen ihn Depressionen und Todesangst. 1895, mit nur 39 Jahren, gibt er nach der Geburt seiner jüngsten Tochter Anna den Geschlechtsverkehr endgültig (?) auf.

Mit 41 schreibt er an seinen Freund Wilhelm Fließ: »Auch sexuelle Erregung nützt einem Menschen wie mir nichts mehr «.

Es ist reizvoll zu phantasieren, was Sigmund Freud wohl zu einem Analysanden mit seinen eigenen Symptomen heute gesagt hätte. In der 20. seiner »Vorlesungen zur Einführung in die Psychoanalyse« spricht er von der Libido: »Libido soll, durchaus dem Hunger analog, die Kraft benennen, mit welcher der Trieb, hier der Sexualtrieb wie beim Hunger der Ernährungstrieb, sich äußert«.

Libido bedeutet sexuelles Verlangen, doch Freud betont: »Wir gebrauchen das Wort Sexualität in demselben umfassenden Sinn wie die deutsche Sprache das Wort 'lieben'«.

Es scheint festzustehen, dass für alle Menschen ein gewisses Maß direkter sexueller Befriedigung unerlässlich ist. Die Versagung dieses individuell variablen Maßes »straft sich durch Erscheinungen, die wir infolge ihrer Funktionsschädlichkeit und ihres subjektiven Unlustcharakters zum Kranksein rechnen müssen« (»Die kulturelle Sexualmoral und die moderne Nervosität«). Eine solche Versagung kann in die Neurose führen. In seiner 24. Vorlesung behauptet Freud, » . . . dass es bei normaler vita sexualis keine Neurose gibt. Gewiss, der Satz setzt sich zu leicht über die individuellen Verschiedenheiten der Menschen hinweg, er leidet auch an der Unbestimmtheit, die von dem Urteil 'normal' nicht zu trennen ist, aber er hat für die grobe Orientierung noch heute seinen Wert behalten«.

Es wurde schon darauf hingewiesen, welche große Bedeutung für das Sexualverhalten älterer Menschen die sittlichen Standards der jeweiligen Epoche haben, wenn sie denn 'internalisiert', d.h. als selbst gewonnen und verbindlich betrachtet werden. Freud drückt vorsichtig aus, was wohl auch für gegenwärtige analytische Behandlung gilt (27. Vorlesung): »Wir können es der Gesellschaft glatt vorrechnen, dass das, was sie ihre Sittlichkeit heißt, mehr Opfer kostet, als es wert ist, und dass ihr Verhalten weder auf Wahrhaftigkeit beruht noch von Klugheit zeugt. Wir sparen es unseren Patienten nicht, diese Kritik mit anzuhören, wir gewöhnen sie an vorurteilsfreie Erwägung der sexuellen Angelegenheiten wie aller anderen, und wenn sie, nach Vollendung ihrer Kur selbständig geworden, sich aus eigenem Ermessen zu irgendeiner mittleren Position zwischen dem vollen Ausleben und der unbedingten Askese entschließen, fühlen wir unser Gewissen durch keinen dieser Ausgänge belastet«.

Freud gewann seine Erkenntnisse aus Beobachtungen der gehobenen Gesellschaft im Wien der Jahrhundertwende, eines Wien, das Karl Kraus als 'Versuchsstation für Weltuntergänge' bezeichnet hat. In dieser sich konservativ gebenden Gesellschaft pflegte man eine Fassadenmoral, die sich in der Darstellung eines äußerlich intakten Familienlebens kultivierter Wohlanständigkeit erschöpfte. In einem solchen Klima der Heuchelei und Selbsttäuschung blühen Neurosen. »Alle, die edler sein wollen, als ihre Konstitution es ihnen gestattet, verfallen der Neurose; sie hätten sich wohler befunden, wenn es ihnen möglich geblieben wäre, schlechter zu sein . . . Dementsprechend sind überhaupt in vielen Familien die Männer gesund, aber in sozial unerwünschtem Maße unmoralisch, die Frauen edel und überfeinert, aber - schwer nervös«. Freud spricht von der 'Beweglichkeit der Libido', die sich mit Leichtigkeit von einem Objekt auf andere verschieben kann und eben nicht nur auf verschiedene Personen. Freud schreibt (aaO): »Der Sexualtrieb... stellt der Kulturarbeit außerordentlich große Kraftmengen zur Verfügung, und dies zwar infolge der bei ihm besonders ausgeprägten Eigentümlichkeit, sein Ziel verschieben zu können, ohne wesentlich an Intensität abzunehmen. Man nennt diese Fähigkeit, das ursprünglich sexuelle Ziel gegen ein anderes, nicht mehr sexuelles, aber psychisch mit ihm verwandtes, zu vertauschen, die Fähigkeit zur Sublimierung. Die ursprüngliche Stärke des Sexualtriebes ist wahrscheinlich bei den einzelnen Individuen verschieden groß; sicherlich schwankend ist der von ihm zur Sublimierung geeignete Beitrag. Ins Unbegrenzte fortzusetzen ist dieser Verschiebungsprozess aber sicherlich nicht, so wenig wie die Umsetzung der Wärme in Arbeit bei unseren Maschinen«.

Freud urteilt realistisch, dass diese Sublimierungsarbeit, das Ablenken der Triebkräfte vom sexuellen Ziel auf kulturelle Produktivität, nur einer Minderzahl von Menschen gelingt, und auch diesen nur zeitweilig. »Die meisten anderen werden neurotisch oder kommen sonst zu Schaden. Die Erfahrung zeigt, dass die Mehrzahl der unsere Gesellschaft zusammensetzenden Personen der Aufgabe der Abstinenz konstitutionell nicht gewachsen ist«.

Beispiele zeigen, dass es bescheidenere Formen der Sublimierung von Libido offenbar recht häufig gibt. Das Ausscheiden aus dem Berufsalltag ist mit dem Gewinn persönlicher Zeit verbunden und öffnet für viele ältere Menschen die Gelegenheit, bisher ungelebte Wünsche zu verwirklichen. Vernachlässigte Hobbies treten wieder ins Blickfeld, Reisen werden möglich, ein Seniorenstudium kann reizvoll erscheinen. Das alt gewordene Paar hat mehr Zeit füreinander als je zuvor, und das kann als Gewinn empfunden werden, aber eben auch als Ballast, wenn man sich nichts mehr zu sagen hat, wenn die Zeit nicht mehr vergehen will, wenn sich Langeweile einstellt und es nicht gelingt, die langen Tage zu strukturieren.

Ältere Partnerschaften bestehen zu einem großen Teil aus 'Arrangement'. Zwei Menschen haben gemeinsam viele bewegende biographische Stationen durchlebt, oft waren sie schon beim Existenzaufbau zusammen, meist haben sie gemeinsame Kinder; die partnerschaftliche oder auch individuell verschiedene Wahrnehmung von 'Freud und Leid' binden, nicht zu vergessen jahre- oder gar jahrzehntelange finanzielle Verpflichtungen. Beide Partner haben sich an die charakterlichen Eigenheiten des anderen gewöhnt. Oft ist zu hören, das Zusammenleben, besonders jetzt im Alter, sei im Grunde schwer auszuhalten. Nahezu immer schwingt ein resignativer Unterton mit: Man habe sich aber so daran gewöhnt, dass man selbst die unerträglichen Eigenheiten des Partners vermissen würde.

Aus der Sicht einer jüngeren Generation erscheinen solche 'Arrangements' eher negativ; diese alten Paare würden nur noch aus Gewohnheit zusammen bleiben, ihr Leben wirke geradezu abschreckend, so wolle man auf keinen Fall die eigene Partnerschaft beschließen. Derartige Meinungen unterschätzen zunächst die 'Macht der Gewohnheit' auch in jüngeren Ehen, denn gerade sie ist ein immer wieder unterschätztes Element der Bindung. Ein anderes ist die mit der Gewöhnung verbundene Vertrautheit und Verlässlichkeit der Partnerschaft, die emotionale Sicherheit bietet. Und nicht zu vergessen die von jungen Menschen meist ignorierte positive Bedeutung von Resignation. Es ist, als habe man gelernt, aus der großen und idealen Wunschliste ans Leben einiges wegzustreichen, darunter auch solche Wünsche, die einem früher als unverzichtbar erschienen sind. Im Lauf der Jahre und Jahrzehnte musste man erfahren, dass nur ein Bruchteil davon in Erfüllung gehen kann und dass Verzicht unvermeidlich, aber durchaus nicht unerträglich ist. Resignation kann auch bedeuten, sich in Versagungen zu fügen, sich zu bescheiden und sich der Herausforderung zu stellen, auch noch im verbleibenden beschränkten Rahmen persönliche Zufriedenheit zu finden. Die Lebenserfahrung lehrt, dass das nicht immer und schon gar nicht im wünschbaren Maß gelingt. Es gilt, die Ansprüche und Wünsche des ‚Es' zu beschwichtigen, sich von den Verhaltensregeln des gesellschaftlichen ‚Über-Ich' weitgehend zu emanzipieren - und diese schwierige Aufgabe obliegt dem auch noch im Alter arg bedrängten ‚Ich', wenn wir dem Instanzenmodell Freuds folgen wollen. Doch was ist daran eigentlich überraschend? - Dies ist ja die Aufgabe des ganzen Lebens, ein Prozess, der zur Ausbildung eines tragfähigen Selbstwertgefühls führen soll, ein Vorgang, der sich mit 'Reifung' umschreiben lässt. Wer es in seiner individuellen Biographie nicht schaffte oder durch Lebensumstände daran gehindert war, muss nicht aufgeben. Man darf heute mit Recht an Freuds Diktum zweifeln, dass in der »Nähe des fünften Dezenniums« die 'Fähigkeit, psychische Entwicklungen rückgängig zu machen zu ‚erlahmen' beginne und bei »Personen nahe an oder über fünfzig Jahre die Plastizität der seelischen Vorgänge zu fehlen pflegt«. Freud äußerte diese Meinung vor fast einhundert Jahren und sie mag durchaus auf die damalige Gesellschaft zutreffend gewesen sein - heute gilt sie in dieser apodiktischen Form gewiss nicht mehr.

Gerade ältere Menschen kommen heute in die psychotherapeutische Sprechstunde mit körperlichen Leiden, die selbst mit moderner medizinischer Behandlung nicht zu bessern sind. Es handelt sich vorwiegend um psychosomatische Erkrankungen, also um unverarbeitete oder fehl verarbeitete psychische Konflikte, die sich im Körper manifestieren. Wie wäre es zu erklären, dass solche Leiden auch bei älteren Menschen heute - mit durchaus freudianischen Mitteln! - zu verbessern, wenn nicht gar zu heilen sind, bestünde wirklich die von Freud vermutete seelische Starrheit im höheren Lebensalter? - Gelegentlich erlebt man mit Überraschung das Gegenteil: ein hohes Maß von Plastizität, die Fähigkeit zur Einsicht in eigene Fehlentwicklungen, das Vertrauen in die Reversibilität der körperlichen Missstände, die Bereitschaft zur Revision vertrauter Einstellungen.

Dem stehen selbstverständlich nach wie vor eingeschliffene Meinungs- und Verhaltensmuster gegenüber. Mit dem Älterwerden wächst 'man' eben nicht einfach in veränderte gesellschaftliche Standards hinein, sondern kann durchaus eine zunehmende Distanzierung und Entfremdung gegenüber den veränderten Verhältnissen empfinden. Stereotypen wie »Das hätte es zu meiner Zeit nicht gegeben« - »Das hätten wir uns nie erlauben dürfen« - »In meiner Jugend gab es ganz andere Werte« lassen sich nahezu beliebig vermehren. Ein ganzes Arsenal von Vorurteilen wird sorgfältig konserviert und es schirmt ab gegen die Herausforderung, eigene Lebensanschauungen und - einstellungen zu revidieren. Von La Rochefoucauld stammt der bemerkenswerte Satz: »Alte Leute beglückt es, gute Ratschläge zu erteilen, denn das tröstet sie über die Tatsache hinweg, dass sie kein schlechtes Beispiel mehr geben können«. Ein wesentlicher Teil des immer wieder zitierten Generationenkonflikts scheint hieraus seine Dynamik zu gewinnen. Älteren Menschen ist häufig unbewusst, wieviel verdrängter Neid auf die Jugend ihre harten Verurteilungen bestimmt. Junge Menschen haben in oft vehement demonstrierter Unbefangenheit noch vor sich, was längst hinter den 'Alten' liegt. Trotz aller Probleme auf dem Arbeitsmarkt öffnet sich der heutigen Jugend ein wesentlich breiteres Spektrum an Möglichkeiten der

Lebensentwürfe, an Entfaltungschancen, an individuellen Zukunftsentscheidungen. Die heutige Jugend mag der Großelterngeneration 'grün' erscheinen - aber sie selbst ist eben 'grau', und wenn das nur negativ erlebt wird, verführt es zu negativer Resignation und nicht selten auch zu Aggression.

Unvermeidlich, dass im höheren Lebensalter große Teile der Libido unbefriedigt bleiben. Sublimierung mag ein gewissen Quantum der Libido abführen, aber eben nur ein gewisses Quantum und nur bei relativ wenigen Menschen, die der Sublimierung überhaupt fähig sind.

Ältere Menschen sehen und spüren zwangsläufig den körperlichen Abbau: Beim Mann macht sich die nicht mehr verlässliche Erektionsfähigkeit bemerkbar, und darauf gibt es verschiedene individuelle Antworten, die den Abbau und das 'Versagen' entweder hinnehmen, bagatellisieren, verleugnen oder überkompensieren.

Naheliegend ist gerade in der letzten Lebensphase der Versuch der Bilanzierung, die bei eingestandenem negativen Ergebnis in eine Depression führen kann oder im Sinn einer Kompensation vor sich selbst geschönt wird. Diese Tendenz beobachtet man vor allem nach Partnerverlust. Eine der von Renate Daimler befragten Frauen (Carla, 73J.) meinte: »Die Wahrheit ist, dass wir alle Egoisten sind. Dass, wenn etwas anderes kommt, etwas Gleichwertiges, wir unsere Trauer bald vergessen. Ich bin überzeugt, dass alle diese Witwen, die dauernd zum Grab wandern, den Friedhof schnell vergessen, wenn ein netter Mann mit einem Mercedes, einem Blumenstrauß und einer Theaterkarte in der Hand daherkommt. Aber die meisten haben nicht diesen netten Mann. Also trauern sie einer Ehe nach, von der sie die Illusion pflegen, dass sie wunderbar war«.

Ernest Jones betont in seiner großen Freud - Biographie, dass der Vater der Psychoanalyse immer wieder auf die vielfältigen Ausdrucksformen der Sexualität hingewiesen hat, zum besonderen Entsetzen seiner Zeitgenossen auch auf die Sexualität der Kleinkinder. Der Sexualtrieb durchläuft eine komplizierte und in jeder Phase leicht störbare Entwicklung bis zum endgültigen ' Primat der Genitalzone '. Der Trieb beginnt diffus mit der Erregbarkeit vieler 'erogener' Zonen des Körpers. »So behauptet Freud denn hier, dass das Kind nicht nur vom Hunger zum Saugen getrieben wird, sondern auch vom Wunsch nach erotischer Befriedigung, selbst wenn es nicht hungrig ist. Dies setzt sich später als Daumenlutschen, als Saugen an allen möglichen Gegenständen, zum Beispiel an Bleistiften, fort und im Leben der Erwachsenen als Liebeskuss sowie in ‚perversen' Fällen als Fellatio« (Ernest Jones).

Was als 'pervers' gilt, ist kulturabhängig und darüber hinaus eine Frage der persönlichen Einschätzung. Jedenfalls wurden Fellatio und Cunnilingus schon in der Antike praktiziert, in den Hochkulturen des Vorderen Orients ebenso wie im alten China und in Indien. Aber zeigt die Alterssexualität nicht doch Spuren einer Regression in frühkindliches Verhalten? - Damit wird das Alter nicht zu einer zweiten Kindheit, aber man kann wohl mit Radebold von einer 'umgekehrt verlaufenden Kindheit' sprechen.

Männer scheinen dieser Regression wesentlich stärker ausgesetzt zu sein als Frauen. Auffällig ist das Interesse, dass die 'Senioren' und erst recht die Greise ihrer Blasen- und Verdauungsfunktion entgegenbringen - ein Rückzug in die orale und anale Phase. Denn es gibt auch immer stärker werdende Wünsche nach Versorgung, nach Verwöhnung durch bevorzugte Speisen und Getränke; bei der Versagung stellen sich depressives Quängeln und hypochondrische Körperbeschwerden ein. Doch diese Regression bringt Entlastung für das strapazierte Ich.

Niemand bestreitet wenigstens die Möglichkeit eines 'Krankheitsgewinns', der trotz aller Beschwerden darin bestehen kann, von der eigenen Verantwortung weitgehend entlastet zu sein, Umsorgung erwarten zu dürfen, Verständnis, Mitleid, Rücksicht. So kann auch Regression einen Gewinn darstellen, indem sie kompensatorisch über Entbehrungen der genitalen Sexualität hinweghilft. Die Libido kehrt zu früheren Stationen ihrer Entwicklung zurück. Freud erklärt das in seiner 22. Vorlesung so: »Zu einer solchen Regression wird sich die Strebung veranlasst finden, wenn die Ausübung ihrer Funktion, also die Erreichung ihres Befriedigungszieles, in der späteren oder höher entwickelten Form auf starke äußere Hindernisse stößt... Denken Sie daran, wenn ein Volk in Bewegung starke Abteilungen an den Stationen seiner Wanderung zurückgelassen hat, so wird es den weiter Vorgerückten naheliegen, sich bis zu diesen Stationen zurückzuziehen, wenn sie geschlagen werden oder auf einen überstarken Feind stoßen. Sie werden aber auch umso eher in die Gefahr einer Niederlage kommen, je mehr sie von ihrer Anzahl auf der Wanderung zurückgelassen haben«.

Was hier in der Freud eigenen Plastizität ausgedrückt wird, bedeutet, dass der wohltätige Rückzug in Form der Regression dann umso dringender ist, wenn auf der 'Wanderung' (durchs Leben) viel vernachlässigte Libido auf der Strecke blieb. Der Umkehrschluss könnte lauten, dass im Normalfall eine lebenslang vorwiegend befriedigte Libido im höheren Lebensalter ihren Rückzug verlangsamt.

Andererseits wird von vielen alten Menschen berichtet, wie wohltuend eine solche Regression in frühkindliche Sexualität sein kann, eine durch mannigfache Erfahrung angereicherte Wiederentdeckung der multiplen erogenen Zonen des menschlichen Körpers. Und das kann auch die Wiederentdeckung der Zärtlichkeit bedeuten, die in vielen Phasen des Reifealters auf der Strecke blieb.

Die psychotherapeutische Praxis bietet genügend Anlass zu der Erkenntnis, dass die sich bis ins höchste Lebensalter erhaltende Libido ein kaum ganz entbehrliches Maß an Befriedigung braucht. Freud war überzeugt, »dass die Menschen neurotisch erkranken, wenn ihnen die Möglichkeit benommen ist, ihre Libido zu befriedigen, also an der 'Versagung', wie ich mich ausdrückte, und dass ihre Symptome eben der Ersatz für die versagte Befriedigung sind. Natürlich soll das nicht heißen, dass jede Versagung der libidinösen Befriedigung jeden, den sie trifft, neurotisch macht, sondern bloß, dass in allen untersuchten Fällen von Neurose das Moment der Versagung nachweislich war. Der Satz ist also nicht umkehrbar«.

Und das ist immerhin wichtig: Es gibt zahllose ältere Menschen, die sexuelle Entbehrung ohne erkennbaren Schaden ertragen. »Sie sind dann nicht glücklich«, bemerkt Freud, »sie leiden an Sehnsucht, aber sie werden nicht krank«.

Diese Sehnsucht kann als Zeichen seelischer Gesundheit gedeutet werden. Die Sehnsucht setzt voraus, dass man eine Vorstellung von dem hat, was man entbehrt. Sie kann auf persönlicher erotischer Erfahrung beruhen oder doch auf der Ahnung, dass Sexualität bisher nur recht unvollkommen gelebt wurde.

Bei der unvermeidlichen Bilanzierung wird das Gelebte und Erreichte mit dem Ich-Ideal verglichen. Das Ergebnis kann bedrückend sein und zu schwerer narzisstischer Kränkung führen. In früheren Lebensjahren war es möglich, sich mit dem Verweis auf die noch verbleibende Zeit zu trösten, doch nun schlägt die Stunde der Wahrheit. Schon der kritische Blick in den Spiegel fordert zur Bilanz heraus. Das Klimakterium ist für viele Frauen gleichbedeutend mit dem Erleben des unerbittlichen Alterungsprozesses; Männer im Renten - oder Pensionsalter kommen sich oft nutzlos vor, auch wenn sie das durch vielfältige Hobbyarbeiten vor sich selbst zu kaschieren versuchen. Krankheiten stellen sich ein, das Urinieren kann durch Vergrößerung der Prostata zur Last werden und Krebsängste auslösen; immer häufiger ist der Verlust von Angehörigen und Freunden zu beklagen, die Nähe des Todes lässt sich nur noch schwer verleugnen.

Sehr unterschiedliche Reaktionen sind zu beobachten. Von Angst getönte Resignation schleicht sich häufig ein, Skepsis mit nachfolgenden philosophischen und religiösen Grübeleien, aber es gibt auch depressive Verstimmungen als Folge von Trauer und Schmerz über die Entbehrungen des vergangenen Lebens und die verpassten Entfaltungschancen.

Im deutlichen Gegensatz zu früheren Zeiten eröffnet das Alter heute größere Freiräume, die 'Spiel - Räume ' sind, Möglichkeit zur Entfaltung, Wieder- oder Neuentdeckung bisher unvollkommen gelebter Möglichkeiten. Erstaunlicherweise werden diese Chancen von vielen älteren Menschen weder erkannt noch genutzt. Lebenslange Abwehrmechanismen gegenüber allem Neuen, gegenüber Risiko und Wagnis verhindern oft produktive Altersentwürfe; in Folge eines Wiederholungszwangs werden alte Verhaltensmuster probiert. Der angebliche Konservatismus älterer Menschen und ihre Charakterrigidität erweisen sich als Verstärkungen dessen, was eigentlich ein Leben lang nie anders war, nur weniger auffällig. Montaigne meinte, das Leben des Sokrates enthalte nichts ungewöhnlicheres, als dass er im hohen Alter Zeit fand zu tanzen und Instrumente zu spielen, und dass er die Zeit für gut ausgenutzt hielt.

Neben die schon immer zur Abwehr benutzten Verhaltensweisen scheinen jetzt zwei weitere zu treten. Auf der einen Seite schützt sich der älter Werdende mit dem Diktum 'zu alt ' vor allem Neuen oder sich wieder verstärkenden Wünschen und Erwartungen früherer Lebensstationen, zum anderen wehrt er das 'Neue' auch durch seine 'jahrzehntelangen Erfahrungen' ab, die ihm das Scheitern möglicher oder vorgeschlagener Problemlösungen von vornherein zu beweisen scheinen. Neugier scheint dem sinnlos, der alles zu wissen meint. Aber gerade Neugier ist ein Lebenselixier, ein „Anti-aging"-Medikament, denn sie bedeutet ja Interesse am Leben und an den Lebenden.

Freud selbst war äußerst zurückhaltend mit Offenbarungen über seine eigene vita sexualis. Was geschah mit Freuds Libido, der er angeblich schon mit 39 Jahren jede sexuelle Befriedigung versagte, und das für die gesamte zweite Hälfte seines Lebens, also weitere 44 Jahre lang ? - Wir können es aus seinen Texten nur erschließen. Zum Beispiel aus diesem:

»Eine andere Technik der Leidabwehr bedient sich der Libidoverschiebungen, welche unser seelischer Apparat gestattet, durch die seine Funktion soviel an Geschmeidigkeit gewinnt. Die zu lösende Aufgabe ist, die Triebziele solcherart zu verlegen, dass sie von der Versagung der Außenwelt nicht getroffen werden können. Die Sublimierung der Triebe leiht dazu ihre Hilfe. Am meisten erreicht man, wenn man den Lustgewinn aus den Quellen psychischer und intellektueller Arbeit genügend zu erhöhen versteht. Das Schicksal kann einem dann wenig anhaben. Die Befriedigung solcher Art, wie die Freude des Künstlers am Schaffen, an der Verkörperung seiner Phantasiegebilde, die des Forschers an der Lösung von Problemen und am Erkennen der Wahrheit, haben eine besondere Qualität, die wir gewiss eines Tages metapsychologisch werden charakterisieren können. Derzeit können wir nur bildweise sagen, sie erscheinen uns 'feiner und höher', aber ihre Intensität ist im Vergleich mit der aus der Sättigung grober, primärer Triebregungen gedämpft; sie erschüttern nicht unsere Leiblichkeit. Die Schwäche dieser Methode liegt aber darin, dass sie nicht allgemein verwendbar, nur wenigen Menschen zugänglich ist« (»Das Unbehagen in der Kultur«).

Die Befriedigung durch solche Kompensationen und Sublimierungen ist 'gedämpft', wie Freud anmerkt, und das gilt auch für handwerkliche Tätigkeiten oder andere Beschäftigungen, mit denen sich ältere Menschen befassen. Es trifft auch zu für die 'Tröstungen' der Religion. Gewiss kann es sein, dass der Alterungsprozess dazu beiträgt, sich wieder - oder nicht selten erstmals - mit Sinnfragen zu befassen: Was hat mir das Leben gebracht? - Was habe ich aus meinem Leben gemacht? - Was habe ich versäumt und warum? - Wie sah bisher die Skala meiner Werte aus? - Welchen Sinn hat mein Leiden? -

Wo war und ist Gott in meinem Leben? - Warum habe ich ihn nie oder auch nur entfernt erlebt? - Aber mannigfache Erfahrung zeigt, dass Annäherung an Religion dann besonders schwer ist, wenn 'Religion' bisher nur als Katechismusgläubigkeit erfahren wurde und nie aus persönlicher Betroffenheit.

Aus analytischer Sicht besteht kein Grund, das Altern als glückhaften Reifeprozess zu stilisieren. Freud betonte den engen Zusammenhang von sexueller Anästhesie und 'Melancholie' - und Melancholie definierte er als Trauer über einen Verlust, wahrscheinlich den Verlust der Libido.

Doch könnte sich nicht auch ein Gewinn ereignen, nämlich der Gewinn vertiefter reifer Vertrautheit und Liebe – freilich oft so unscheinbar zart, dass er unbemerkt bleibt? Erfülltes Altern scheint vorwiegend gebunden an Sensibilität und Empathie, und das sind Fähigkeiten, die Menschen aller Schichten eignen können. Die Hochschule, an der Bildung des Herzens gelernt und erfahren werden kann, ist das Leben selbst.

Alterssexualität und Körperlichkeit

Alle Menschen unterliegen Alterungsprozessen, wenn auch mit unterschiedlicher Intensität und Geschwindigkeit. Dennoch zeigt sich, dass alles Wesentliche beim Altern höchst individuell ist, und man erkennt es z.B. an der geistigen, aber auch an der sexuellen Aktivität. Wer nie oder nur selten Freude an seiner eigenen Sexualität hatte, dem bietet das Alter willkommene Vorwände, sie nun ganz einzustellen: Hochdruck, Rückenschmerzen, Magenbeschwerden, Rheuma und andere Krankheiten oder Befindlichkeitsstörungen. Im übrigen, so die Behauptung, sei es doch ganz 'natürlich', wenn mit zunehmenden Lebensjahren auch die Sexualität versiege. Bei genauerer Anamnese ist unschwer zu entdecken, dass es sich hierbei vorwiegend um Menschen handelt, die schon früher Vorwände suchten und fanden, um der Sexualität zu entgehen, und zwar Männer wie Frauen: »Ich bin zu müde« - »Ich bin überarbeitet« - »Ich habe Kopfschmerzen« - »Ich muss morgen früh raus« - »Die Kinder schlafen noch nicht«- »Lass mich bitte in Ruhe«.

Was ist nun wirklich mit den physiologischen Veränderungen, die das Sexualverhalten im höheren Lebensalter beeinflussen? - Betrachten wir zunächst das sexuelle Altern der Frau. Es unterscheidet sich in zweifacher Hinsicht von dem des Mannes. Jede Frau erlebt ein klares und natürliches Ende ihrer Fortpflanzungsfähigkeit, nämlich das Klimakterium. Es stellt für viele Frauen auch heute noch eine geradezu dramatische Zäsur dar. Nicht selten wird es wie eine Totaloperation erlebt, also eine Behinderung, ein Verkrüppeltsein, wie ein melancholischer Abschied von der eigenen Identität als Frau. Während ein Mann das Nachlassen seiner sexuellen Aktivität schon in früheren Jahren bemerkt, ist das bei Frauen anders. Das Kinsey-Team hat in Amerika Untersuchungen gemacht, deren Ergebnisse wohl auch für Europa zutreffen. Frauen erleben sexuelle Träume und praktizieren Masturbation mehr oder weniger aktiv bis weit ins siebte Lebensjahrzehnt. Die dann geringere Häufigkeit des Geschlechtsverkehrs hängt mehr vom Altern des männlichen Partners ab als vom nachlassenden Verlangen der Frau. Alle Befragungen zeigen, dass es im Anfang einer Partnerschaft oder Ehe anders ist. Die Männer wünschen dann oft häufigeren Verkehr als die Frauen, aber im Alter ist es eher umgekehrt, jedenfalls was den Verkehr mit der eigenen Lebensgefährtin betrifft.

Im Klimakterium stellen die Ovarien ihre Tätigkeit ein und damit die Produktion des Hormons Östrogen. Östrogene sorgen während der Pubertät für die Entwicklung weiblicher Formen, der Brüste, der weichen Rundungen von Hüften, Oberschenkeln und Gesäß, aber auch der Schamlippen, der Klitoris, und sie tragen natürlich zur Ausbildung von Gebärmutter und Scheide bei. Das alles geschieht unter Kontrolle der Hypophyse, die mit ihren eigenen Hormonen, den Gonadotropinen, die Eierstöcke anregt und reguliert. Östrogene regeln in physiologischer Weise die Sexualfunktionen der Frau, ihr sexuelles Verlangen, aber bis zu einem gewissen Grad auch ihre Stimmung. Das griechische Wort 'oistros' bedeutet Stachel, Wut, aber auch Brunst; mit dem schwankenden und später stark abnehmende Östrogenspiegel sind auch Veränderungen der Stimmung verbunden, etwa die oft beschriebene klimakterische Depression. Der Begriff ‚Hysterie' stammt von dem griechischen Wort für Gebärmutter, also ‚hystera'. Man meinte, die physiologischen Veränderungen der Gebärmutter etwa im Klimakterium seien die Ursache für dann eintretende unangenehme psychische Verhaltensmodifikationen der Frau, eben der Hysterie. Wir wissen aber, dass es auch eine nicht zu unterschätzende Zahl von männlichen ‚Hysterikern' gibt.

Das Klimakterium verläuft mit häufig unangenehmen Begleiterscheinungen. Im Vordergrund stehen oft Hitzewallungen, Gewichtszunahme stellt sich ein, eine Verschiebung der Fettpolster, verstärkte Faltenbildung, die Brüste werden schlaffer.

Durch die weiblichen Keimdrüsenhormone entwickelt sich die Vagina der Frau zu einem weichen, elastischen, feuchten Schlauch. Mit der versiegenden Hormonproduktion bildet sich das weibliche Geschlechtsorgan zurück, die Schamlippen werden dünner, die natürliche Sekretion lässt nach und kann zu nicht unerheblichen Beschwerden beim Verkehr führen. Überdies kommt es in vorgerücktem Alter manchmal zu einem starken Juckreiz in der Scheide (Pruritus vulvae), wahrscheinlich durch Veränderung der Schleimhaut und des bakteriellen Milieus; der Säureverlust kann auch das Entstehen hartnäckiger Infektionen fördern. Östrogenmangel begünstigt Veränderungen am Knochenbau, der porös und spröde zur Osteoporose mit erheblichen Bewegungseinschränkungen und Schmerzen werden kann. Der Östrogenverlust nimmt Frauen einen wichtigen Schutz gegen Arteriosklerose und gegen den Herzinfarkt.

Östrogenmangel lässt sich durch Verabreichung des Hormons in gewissem Maß substituieren. Dazu gibt es Tabletten, Spritzen und Pflaster unterschiedlicher Zusammensetzung. Ein normaler Östrogenspiegel im Blut scheint vor Brust- und Gebärmutterkrebs schützen zu können; andererseits sollen Frauen mit schon manifestem Krebs keine Östrogene nehmen.

Da es sich beim Klimakterium um einen ganz natürlichen Zustand handelt, ist es keine 'Krankheit' und muss eigentlich auch nicht 'behandelt' werden. Andererseits ist die Verschreibung von Östrogen-Progesteron - Präparaten gegen die unangenehmen Begleiterscheinungen nach gynäkologischer Beratung durchaus sinnvoll.

Dennoch, das Klimakterium fordert - nach der Pubertät - zum zweiten Mal zur Auseinandersetzung mit der Sexualität und damit der eigenen Identität heraus. In der Menopause, etwa um das fünfzigste Lebensjahr, erfolgt eine komplexe Umstellung des innersekretorischen Systems, die Periode bleibt aus. Andererseits produziert der Hypophysenvorderlappen vermehrt gonadotrope Hormone, die den Geschlechtstrieb aktivieren können. Erst in einer späteren Phase, nach dem 65. Lebensjahr etwa, tritt eine Harmonisierung der geschlechtsspezifischen hormonellen Situation ein. Die körperlichen Veränderungen sind individuell verschieden, zeigen sich aber generell in vermehrter Faltenbildung der Haut, im Schwinden von subkutanem Fettgewebe, Schweißausbrüchen, Schwindelgefühlen, Kopfschmerzen und affektiven Veränderungen.

Dazu kommt die intrapsychische Auseinandersetzung mit der eigenen Identität: Wer bin ich als Frau, da ich mich nicht mehr fortpflanzen kann? - Wozu jetzt noch Sex? - Als Kompensation dient häufig der Versuch, sich an die eigenen, erwachsen gewordenen Kinder zu binden oder sich in der Großmutterrolle einzurichten. Zur Abwehr der narzisstischen Kränkung durch das Älterwerden entwickelt sich ein verstärktes Bedürfnis nach Geliebtwerden. Radebold schreibt:»So ergibt sich, dass nun der Sohn die Rolle des Vaters übernimmt und die Tochter oder eine jüngere Frau der Umgebung die Rolle der Mutter. Dies führt zu dem typischen Bild, dass das jüngere Mädchen oder die eigene Tochter von der älter werdenden Frau als Konkurrentinnen erlebt werden und versucht wird, sie auf jeden Fall zu übertreffen. Dies wird noch gefördert, wenn sich der Ehemann verstärkt jetzt seiner erwachsenen Tochter oder anderen jüngeren Frauen zuwendet«.

Libidinöse Triebregungen werden in dieser Situation häufig zurückgedrängt. Die Abwehr geschieht dann häufig in zwanghafter Korrektheit als 'perfekte Hausfrau', die den jüngeren Rivalinnen auf Grund ihrer Erfahrung überlegen ist. Doch es gibt auch den Versuch der Überkompensation im Verhalten und Auftreten und in Form von Außenaktivitäten, um das Gegenbild der 'alten Frau' darzustellen. Eine verbreitete Form der Kompromissbildung sind funktionelle und psychosomatische Befindlichkeitsstörungen in Form von Kopfweh, Verdauungsproblemen, Einschlaf - oder Durchschlafstörungen und vielem anderen mehr. Sie können einen ‚Krankheitsgewinn' durch vermehrte, wenn auch bald nachlassende Zuwendung des Partners oder anderer Familienmitglieder nach sich ziehen.

Andererseits ist die Befreiung von der Schwangerschaftsphobie ein Faktor, der in der Altersgruppe von Frauen zwischen 50 und 60 Jahren zu gesteigerten Sexualwünschen führen kann. Masters schreibt in seiner Untersuchung: »Kinsey und seine Mitarbeiter beobachteten, dass die sexuelle Aktivität nach dem Klimakterium in hohem Maß unmittelbar mit den sexuellen Gewohnheiten vor der Menopause zusammenhängt. Nach dem Befragungsmaterial lässt sich sagen, dass diejenigen Frauen, die eine glückliche, ausgeglichene und abwechslungsreiche Ehe führten, im und nach dem Klimakterium keine oder nur eine geringe Unterbrechung hinsichtlich der Häufigkeit oder des Interesses an sexuellen Betätigungen zeigten. Soziale und finanzielle Sicherheit sind zusätzliche Hauptfaktoren bei der erfolgreichen Anpassung vieler Frauen im Alter«.

Mantegazza hat schon vor hundert Jahren beobachtet, »dass das Weib von einer ungewöhnlichen und starken Aphrodisie ergriffen wird, wenn die Menstruation im Aufhören begriffen ist, nämlich um das 45. Lebensjahr. Es gibt einen 'Erotismus der Menopause' und es scheint, als ob die Eierstocktätigkeit noch einmal auflodert, wie die sterbende Flamme, bevor sie auf immer erlischt. Die weibliche Schamhaftigkeit verhindert oft das Eingeständnis dieses Erotismus, der außer der Zeit erscheint; und doch kann das Verschweigen verhängnisvoll werden, da die venerische Reizung zu einer wahren Psychopathie ausarten kann«.

Häufig verbinden sich ganz überflüssige Befürchtungen mit der Notwendigkeit einer Hysterektomie, also der Entfernung des Uterus, oder bei einer

'Totaloperation'. Für die Sexualität ändert sich durch solche Eingriffe überhaupt nichts, wohl aber kann die innere Einstellung der betroffenen Frau oder ihres Partners die Geschlechtsfreude beeinträchtigen. Die vielleicht eintretende Verschlechterung des Geschlechtslebens hat kaum physiologische, wohl aber psychologische Ursachen. Masters / Johnson kommentieren: »Es ist zunehmend klar geworden, dass psychische Faktoren im Hinblick auf den Geschlechtstrieb von Frauen nach der Menopause eine mindestens gleich große, wenn nicht größere Rolle als hormonelle Faktoren spielen«. Deshalb führt eine aus anderen Gründen vielleicht sinnvolle Medikation mit Östrogenen oder ähnlichen Substanzen auch zu keiner direkten Steigerung der Libido.

Sollte es dennoch dazu kommen, liegt das wahrscheinlich eher an der Linderung der vielfachen Wechseljahrsbeschwerden.

Von Kinsey erfahren wir, was viele neuere Untersuchungen bestätigen: Frauen haben während ihres ganzen Lebens eine größere sexuelle 'Beständigkeit' als Männer. Mit 60 Jahren lässt sich generell keine wesentliche Veränderung der sexuellen Appetenz gegenüber einem Alter von 30 feststellen. Die Orgasmusfähigkeit bleibt auch im höheren Lebensalter erhalten, allerdings vorwiegend bei regelmäßiger und wirksamer Stimulierung. Sonst treten leicht Schmerzen bei oder nach dem Koitus (Verkrampfung und unzureichende Lubrifikation als häufige Ursachen) ein oder allgemein Dyspareunie, also Abneigung gegenüber Geschlechtsverkehr.

Simone de Beauvoir bemerkt zu den häufigen Ängsten von Frauen, die Orgasmusprobleme haben: »Ich möchte hinzufügen, dass die Frau die sexuelle Vereinigung wünschen kann, auch wenn sie nicht den Orgasmus erreicht; die 'präliminaren Lustgefühle' bedeuten ihr möglicherweise noch mehr als dem Mann. . . Wenn auch ihre Rolle in der Liebe nicht so passiv ist, wie oft behauptet wird, so hat sie keine bestimmten Schwächen zu fürchten. Nichts hindert sie, ihre sexuelle Aktivität bis in ihre letzten Tage zu behalten«. Aus der Praxis wissen wir aber, dass die eigenen desinteressiert und apathisch gewordenen Partner für ihre Frauen ein Hindernis der Befriedigung darstellen.

Ein weit verbreitetes Vorurteil behauptet, dass sexuelle Erregbarkeit oder Frigidität in direktem Zusammenhang mit dem Spiegel der Geschlechtshormone stehen. Die

Therapie sowohl der Frigidität wie auch der Impotenz wäre dann einfach durch verstärkte Hormongaben zu leisten. Das funktioniert leider nicht so einfach, und zwar deshalb, weil das 'Libidohormon' bei Frauen wie bei Männern das männliche Geschlechtshormon (Testosteron) ist, das in den Nebennieren produziert wird, aber auch in den Hoden und in geringem Maß in den Eierstöcken. »Der Beweis, dass es sich um das männliche Hormon handelt, das im weiblichen Körper die Grundlage der Erotik bildet, erbrachte eine Reihe von Untersuchungen über die Auswirkung der Entfernung krebskranker Nebennieren und Aussagen von Frauen, die aus dem einen oder anderen Grund mit männlichen Geschlechtshormonen behandelt wurden. Viele der Frauen berichteten von einer plötzlichen Zunahme des geschlechtlichen Verlangens als einer Nebenwirkung der Behandlung. Umgekehrt berichteten Männer, die mit weiblichen Geschlechtshormonen behandelt wurden, dass sexuelles Verlangen oder Betätigung nachließen oder völlig aufhörten« (Isadore Rubin). Eine solche Behandlung mit weiblichen Geschlechtshormonen für Männer wird übrigen oft bei Prostatatherapien vorgenommen.

Aus psychologischer Sicht lässt sich trotz alledem sagen, dass es bei sexueller Abstinenz von älteren Frauen weniger um die Wiederherstellung des Hormonspiegels als vielmehr des Selbstwertgefühls gehen sollte. Wenn sich bei einer Frau die Überzeugung einnistet, mit dem Verlust der Empfängnisfähigkeit nicht mehr vollwertige Frau zu sein, wenn sie das Nachlassen der sexuellen Appetenz ihres Partners auf das Schwinden ihrer 'Ansehnlichkeit' zurückführt, wenn sie sich nur noch als 'Oma' oder 'alte Frau' empfindet, dann handelt es sich primär um ein psychisches Problem. Nun ist es allemal leichter, einer älteren Frau mit körperlichen Beschwerden eine Spritze zu geben oder Hormone zu verschreiben, als ihr aufmerksam und verständnisvoll zuzuhören und mit ihr zu sprechen. Die Patientin, die eigentlich Mitgefühl und Ermutigung braucht, bekommt stattdessen oft nur eine Injektion.

Es gibt medizinische Gründe für eine Entfernung des Uterus oder der Eierstöcke, manchmal auch von beidem. Der damit verbundene Östrogenverlust kann auf verschiedenen Wegen ausgeglichen werden. Nach bisher vorliegenden Untersuchungen berichten etwa zwei Drittel der operierten Frauen von keiner Veränderung ihres Sexualtriebs, knapp 20 % sprechen von einem Nachlassen ihres Verlangens. Bei genauerer Anamnese stellte sich heraus, dass vielleicht andere Gründe dafür entscheidender gewesen sein könnten (häusliche Belastung, Partnerprobleme, ohnehin geringe Appetenz, das Gefühl, nach der 'Ausräumung' nicht mehr 'richtige' Frau zu sein etc.).

Auch beim Mann gibt es durch den Alterungsprozess Veränderungen der Geschlechtsorgane, aber so gut wie keine dem weiblichen Klimakterium vergleichbare Erscheinungen. Vor allem endet die Zeugungsfähigkeit - wenn überhaupt - erst im hohen Alter.

Ein 86jähriger Ire sagte bei der Geburt seines 22. Kindes: »Was denn - ich bin doch ein gesunder Mann!« - Charlie Chaplin wurde mit 73 Jahren zum achten Mal Vater, und eine Schweizer Klinik wies in einer Werbebroschüre stolz darauf hin, das sei allein ihrer Frischzellenkur zu verdanken. Chaplin empörte sich über das ihm nachgesagte 'Wunder' und ließ die Broschüre beschlagnahmen. Mit 73 machte Goethe der 18jährigen Ulrike von Levetzow einen Heiratsantrag, den die junge Frau zwar ablehnte - aber in der Öffentlichkeit fand der Dichterfürst Gnade, vielleicht auch deshalb, weil er gleich die Interpretation für sein Verhalten mitlieferte: »Geniale Naturen erleben eine wiederholte Pubertät, während andere Leute nur einmal jung sind«.

Die elementare Angst vieler Männer - und nicht erst im höheren Alter - bezieht sich auf Potenzstörungen. Etwa zwei Drittel aller Männer haben sie irgendwann einmal erlebt, ebenso viele Frauen kennen das von ihrem Partner.

Impotenz galt bisher als bis zu 90 % psychisch bedingt. Inzwischen vermuten Fachleute heute vorwiegend organische Ursachen wie hormonelle Störungen, Stoffwechselanomalien, rheumatische Erkrankungen, Durchblutungsstörungen, nicht zuletzt Nebenwirkungen von Medikamenten. Das ist in der individuellen Anamnese zu ermitteln. Erektionsstörungen sind in der überwiegenden Zahl multifaktoriell und sollten daher auch mehrdimensional behandelt werden. Die Erklärung dafür liegt in der komplexen anatomischen Struktur des männlichen Geschlechtsteils, gesteuert durch Hirn und Hoden. Der Facharzt, meist der Urologe, kann sich zuständig fühlen, aber eben auch der Psychotherapeut oder der Analytiker. »Zur Psychoanalyse, Impotenz, drei Monate«, damit überwies Freud einen Patienten an seinen Kollegen Wilhelm Reich – allerdings mit nur geringem Erfolg.

Das Problem scheint in der Identifikation des Selbstwertgefühls vieler Männer mit der Erektionsfähigkeit ihres Penis zu liegen. Nietzsche nannte den erigierten Penis das 'ehrwürdige Symbol an sich', und tatsächlich hat das Phallussymbol eine lange religionsgeschichtliche Bedeutung. Der Phallus steht für Fruchtbarkeit,

Macht, Männlichkeit und das Vermögen, Frauen zu befriedigen, ja sie von sich abhängig zu machen. Bei den Römern war der Hausspruch »Penis bonus - pax in domus« ('Guter Penis – Frieden daheim') verbreitet mit der nicht ganz lebensfremden Annahme, dass befriedigender Geschlechtsverkehr die häusliche Harmonie wahrscheinlicher macht.

Die drei Schwellkörper des Penis bestehen aus schwammartigen Hohlräumen, die sich mit Blut füllen können. Die Gefäße werden dabei von Nervenfasern gesteuert, die wiederum über das Rückenmark mit dem Gehirn und den Sinnesorganen gekoppelt sind. Bei der Erektion wirken Neurotransmitter, die die Nervenimpulse in Muskelkontraktionen umwandeln. Das männliche Hormon Testosteron bewirkt eine Zunahme der Libido.

Ältere Männer glauben sehr häufig, ihre 'erektile Dysfunktion', ihr gelegentliches Versagen beim Verkehr, habe etwas mit ihrem Alterungsprozess zu tun. Die Folge kann Resignation, Angst, aber auch Depression sein. Manchmal genügt der Hinweis, dass es sich um keinen körperlichen Defekt handeln kann, wenn die Masturbation bei guter Erektion noch befriedigend erlebt wird. Ein wichtiges Indiz für intakte Potenz ist die selbst bei sehr alten Männern häufige Morgenerektion, auch wenn sie nicht sehr lange anhält. Mit zunehmendem Alter lassen sich nicht Potenzleistungen der Jugendjahre erwarten - und sie werden ja auch kaum verlangt. Häufig liegt der Grund für nachlassende Libido in der Gewöhnung an die langjährige, nun selbst alt gewordene Partnerin, eine gewisse Lustlosigkeit stellt sich ein. Es scheint ein psychoenergetisches Gesetz zu sein, dass bei großer Triebstärke schon schwache sexuelle Reize die Libido aktivieren, während bei nachlassender oder geschwächter Libido starke Reize erforderlich sind. Und gerade die sind bei älteren Paaren eher selten.

Aus wiederholtem Erleben von Impotenz kann sich als schwerwiegende Folge eine Angst vor Impotenz entwickeln, die dann auch tatsächlich eintritt. Das möglicherweise negative Erlebnis wird also in der Phantasie vorweggenommen, der Akt ist gelähmt durch Selbstbeobachtung, die Sexualität wird 'verkopft'. Vom amerikanischen Präsidenten Dwight D. Eisenhower ist ein Impotenzerlebnis überliefert, das er bei seiner Fahrerin Kay Summersby Morgan hatte. Das Fräulein Lieutenant danach: »Er war verbittert. Er zog sich langsam an, küsste mich und lächelte traurig«.

Die alten Chinesen glaubten, die Samenflüssigkeit des Mannes (Yang) sei quantitativ begrenzt, das Sexualsekret der Frau (Yin) dagegen fließe immerzu. Dr. R. H. Gulik, ein Fachmann für chinesische Medizin, schreibt: »Daher wurden zwei Faktoren immer wieder ausdrücklich betont. Erstens, der Samen des Mannes ist sein kostbarster Besitz, die Quelle nicht nur seiner Gesundheit, sondern seines eigentlichen Lebens; jeder Samenerguss verringert seine Lebenskraft, es sei denn, der Verlust würde ausgeglichen durch den Gewinn einer entsprechenden Menge Yin-Essenz von der Frau. Zweitens, der Mann sollte der Frau bei jedem Beischlaf vollkommene Befriedigung verschaffen, sich selbst aber sollte er nur bei gewissen besonderen Gelegenheiten erlauben, zum Orgasmus zu kommen«.

Der Grieche Galen, nach Hippokrates der bedeutendste Arzt der Antike, meinte: »Im Samenerguss verlieren wir gleichzeitig die Lebenskraft; daher ist es nicht verwunderlich, dass zu häufiger Beischlaf kraftlos macht, weil er unseren Körper seiner hochwertigsten Stoffe beraubt«.

Die Erfahrung und wissenschaftliche Erkenntnis erweisen das Gegenteil. Wer während seines Lebens häufig lustvolle, befriedigende Sexualität erlebte, erhält sie sich, wenn auch in ermäßigter Form, bis ins hohe Alter.

Der Wunsch vieler Männer nach ewiger Jugendkraft lässt sich bis ins Dunkel der Mythologie zurückverfolgen. Schon zweitausend Jahre vor Christus galten Tigerhoden als wirksames Potenzmittel; alte indische Lehrbücher der Medizin empfehlen überhaupt Tierhoden wie eine Vorwegnahme der späteren Zelltherapie. Aber auch der Atem und die Wärme junger Mädchen galten als Verjüngungsmittel. König David versuchte es hochbetagt und frierend (1.Kön 1,1-1,4). Die Hofleute empfahlen: »Man suche für unseren König ein unberührtes Mädchen. Wenn es an seiner Seite schläft, wird es unserem Herrn warm werden«. Doch selbst die blutjunge und wunderschöne Abischag aus Schunem vermochte nicht, die Libido von König David zu erwecken. »Der König erkannte sie nicht«, heißt es im Text. Noch im 15.Jahrhundert gab ein gewisser Marsilio Ficino, Arzt und Philosoph, alten Männern den Rat: »Er soll ein junges, gesundes, heiteres und schönes Mädchen finden, seinen Mund auf ihre Brust legen, und dann soll er zerstoßenen, mit Zucker gemischten Fenchel essen«. Von einem durchschlagenden Erfolg dieser Empfehlung ist nirgendwo zu lesen, es sei denn, dass einmal der feste Glaube daran ein günstiges Ergebnis zeitigte, was nicht auszuschließen ist.

Aus dem primitiven Krieger, der die Genitalien seines Feindes verspeiste, um dessen Potenz zu gewinnen, wurden im 19.Jahrhundert weißbekittelte Spezialisten für die Verpflanzung von Hoden und Drüsenextrakten. Dr. Arnold A. Bertold, Professor an der Universität Göttingen, beobachtete Haushähne, denen er die Hoden entfernt und sie damit zu Kapaunen gemacht hatte. Als er zweien davon frische Hoden einpflanzte, entwickelten sie sich rasch zu kämpfenden Hähnen mit wuchernden Kämmen und Kehllappen.

Zur etwa selben Zeit injizierte sich Charles Edouard Brown-Séquard, Physiologe am Collège de France, Hodenextrakt von Hunden und Meerschweinchen. Der Erfolg war verblüffend: sein Allgemeinzustand verbesserte sich wesentlich, die cerebrale Leistungsfähigkeit des damals 72jährigen nahm messbar zu. Der Fachwelt galten diese Experimente als 'greisenhafte Abartigkeit'; die Wiener Medizinische Wochenschrift höhnte: »Man muss den Vortrag (bei der Societé de Biologie in Paris) als weiteren Nachweis für die Notwendigkeit betrachten, Professoren, die ihr siebzigstes Lebensjahr erreicht haben, in den Ruhestand zu versetzen«.

Für die breite Öffentlichkeit freilich waren die Berichte des Professors Brown-Séquard eine Sensation. Er wurde von reichen alten Männern belagert, die alle sein Patentrezept verlangten - Brown-Séquard floh nach London. Schließlich sprach sich aber herum, dass die Wirkung der Injektionen nur vorübergehend war und die Begeisterung flaute ab.

Bald verdichtete sich die Erkenntnis, dass Verlorenes nicht wiedergewonnen, Geschwächtes aber verjüngt werden kann. Mit dieser Arbeitshypothese experimentierte der Physiologe Eugen Steinach (1861 - 1944) an alten männlichen Ratten. Und er beschrieb diese Tiere in seinem Bericht an die Akademie der Wissenschaften in Wien. Die alten Ratten »wiesen alle hauptsächlichen Alterserscheinungen« auf, »struppiges, dürftiges Haarkleid, teilweise ganz nackte Stellen oder Streifen besonders am Rücken, haararmer oder ganz nackter Hodensack, gebückte Haltung, Fressunlust, Abnahme des Gewichts und allgemeine Magerkeit, auffallende Schlafsucht, Trägheit, Feigheit anderen jüngeren Männchen gegenüber, Interesselosigkeit auch brünstigen Weibchen gegenüber, dauernd geschwächte Potenz oder völlige Impotenz«.

Im Jahr 1911 unternahm Steinach ein Experiment. Er durchtrennte einer alten impotenten Ratte beide Samenleiter (Vasoligatur). Dem Tier wuchsen nun wieder Haare, es zeigte neue Vitalität und wurde sexuell unersättlich. Steinach schloss daraus, dass durch Zerstörung der spermaproduzierenden Zellen die hormonproduzierenden angeregt werden können. 1918 wagte Steinach zusammen mit dem Wiener Urologen Robert Lichtenstern einen alt gewordenen Wiener Kutscher zu operieren. Der Erfolg war glänzend, der Alte machte wenige Monate nach der Operation »den Eindruck eines jugendlichen Mannes auf der Höhe seiner Lebenskraft«.

Steinach versuchte nun, die günstigen Ergebnisse auch bei weiblichen Meerschweinchen anzuwenden. Er fand heraus, dass die Verpflanzung von Ovarien junger weiblicher Tiere im frühen Stadium der Trächtigkeit auf alte Weibchen zu überraschenden Resultaten führte: »Geschrumpfte Brustdrüsen zeigten Zeichen neuer Entwicklung und Aktivität und die Gebärmutter neues Wachstum zum vollen Umfang der Reife«.

In Berlin und in der Schweiz unternahmen Ärzte auch Eierstocktransplantationen an Frauen. Da der Nachschub an jungen, gesunden Ovarien aber natürlich sehr begrenzt war, wurde es dringend notwendig, nach einem anderen Verfahren zu suchen. In den Jahren 1925 - 1928 arbeitete Steinach an der Herstellung von Hormonextrakten aus

Tierovarien, die zu Injektionen verwendet werden konnten. Seine Tierexperimente ließen ihn folgern: »Alles, was ich für den senilen Mann erreicht hatte, war nun durch die Behandlung mit Hormonextrakten für die senile Frau erreicht worden. Reaktivierung - ein neues Aufblühen fast bis zum Punkt der Fortpflanzungsfähigkeit und Fruchtbarkeit«. Die übersichtlichste und auch für Nichtfachleute verständliche Darstellung der Anfänge der Hormonbehandlung und späteren Zelltherapie findet sich bei Isadore Rubin (»Sexual life after sixty«). Der deutsche Herausgeber, Dr. Heinrich Wallnöfer, schreibt in der Einleitung: »Als ehrliches Buch vermeidet es auch nur den Anschein, der Leser könnte durch das Lesen geheilt werden. Es wird ihn aber von manchem Vorurteil befreien können und den Weg zum Arzt finden lassen. Dadurch wird - wie in Amerika - auch bei uns Dr. Rubins Buch vielleicht bei vielen Menschen am Anfang eines neuen Lebensabschnitts stehen. Gelingt dies, hat es seine Aufgabe erfüllt«. Die in letzter Zeit anschwellende Literatur über Sexualität im höheren Lebensalter beschränkt sich eben meist nicht auf sachliche Information und Befreiung von angstgetönten Vorurteilen, sondern bietet einerseits nüchterne medizinische Information samt diätetischen Ratschlägen, andererseits erschöpft sie sich in der Wiedergabe umfangreicher Fragebögen mit den - mehr oder weniger aufrichtigen - Antworten der betagteren Menschen.

Noch einmal sei betont, dass Steinach kein abgestorbenes, sondern nur ein geschwächtes Organ kurzzeitig vitalisieren konnte. »Die maximale Möglichkeit beruht in einer 'Berichtigung' zu früher oder in einer Verlangsamung 'normaler' Altersvorgänge« (Frank Arnau). Doch hinter all diesen Forschungsansätzen und Experimenten verbirgt sich eine recht alte Idee: die Verkürzung dessen, was wir unter Liebe verstehen, auf einen rein physiologischen Vorgang. Schon Michel de Montaigne schreibt in seinen Essais, dem bedeutenden Denkmal weltmännischer Laienphilosphie, die Liebe sei »nur der Durst nach dem Genuss in einem begehrten Wesen, und Venus nichts anderes als das Vergnügen, seine Gefäße zu entleeren (‚une décharge de ses vases')«.

Steinach war trotz der für Forscher naheliegenden Selbstüberschätzung einer der Pioniere der Hormonforschung; er legte das »Fundament, auf dem sich das stolze Gebäude der modernen Hormonforschung erhebt«, wie er es selbst einschätzte.

Sensationell schienen anfänglich auch die Erfolge des russischen Arztes Sergej Voronoff, der als Direktor des Laboratoire expérimental de Chirurgie am Institut de France in Paris wirkte. Das utopische Ziel seiner Forschungsarbeit umschrieb er so: »Das Ideal, dem wir mit aller Macht zustreben, besteht darin, das Leben in der ganzen Fülle seiner physischen und geistigen Äußerungen zu erhalten, die Zeit der Alterserscheinungen abzukürzen und den Tod bis an die äußersten Grenzen zurückzudrängen - ein Leben zu führen in jugendlicher Kraft«. Was wohl manchem Leser als vermessen erscheint, ist wissenschaftlich legitim. Wieso sollte man nicht Möglichkeiten der Lebensverlängerung erforschen, zumal ja die Lebenserwartung in den letzten Jahrzehnten durch medizinischen Fortschritt und vor allem durch verbesserte Lebensbedingungen wenigstens in den Industrieländern eindrucksvoll gestiegen ist? - Es muss erlaubt sein, die Grenzen menschlicher Lebenszeit immer wieder aufs Neue zu untersuchen oder wenigstens die Möglichkeit, unsere Vitalkräfte über das heutige Maß hinaus zu erhalten.

Voronoff hatte den Gedanken, für die 'Verjüngung' Organmaterial von Menschenaffen zu benützen. Die Anfangserfolge waren aufsehenerregend und machten Voronoff zu einer Weltsensation. In maßloser Überschätzung seiner Technik schrieb der Forscher und unermüdliche Transplantateur: »In Zukunft sehe ich Affenfarmen entlang der ganzen Mittelmeerküste von Neapel bis nach Marseille. Jeden Affen kann man mit einer Werkstatt vergleichen, in der die Natur, der große Handwerker, Organe herstellt, die dazu geeignet sind, in den menschlichen Körper verpflanzt zu werden, um dessen verbrauchte Organe zu ersetzen. Die Affenfarmen werden dann große Fabriken sein, deren Aufgabe es ist, Ersatzteile für die menschliche Maschine herzustellen; die wertvollsten Fabriken, die der Mensch besitzen kann, denn sie werden die für sein Leben wichtigsten Bestandteile zur Verfügung halten«.

Der von keinem Zweifel geschmälerte Optimismus Voronoffs ist ebenso entlarvend wie seine Ausdrucksweise: Tiere als Rohmaterial für den Erhalt der menschlichen 'Maschine'? - Inzwischen weiß man, dass selbst bei weitgehender physiologischer Übereinstimmung von Spender und Empfänger eine Organtransplantation mit erheblichen Risiken verbunden ist, besonders mit dem der Abstoßung des fremden Organs. Die so naheliegende Idee, alternde Organe gegen 'frische' auszutauschen - in Analogie zum Ersatz abgenutzter Motorteile - findet hier ihre Grenze. Außerdem wissen wir, dass Altern nicht nur ein Problem der Keimdrüsen ist.

Einen anderen Weg versuchte der russische Pathologe und Physiologe Alexander Bogomoletz von der Universität Kiew. Er ist der Erfinder des einst berühmten Serums, das von seinem Vetter Viktor Bogomoletz weiterentwickelt wurde, ein Serum, um „die Quellen des Lebens kräftiger zu durchtränken und deren Wohltaten an die anderen Gewebe, Zellen und Drüsen weiterzugeben, wie die Wurzel des Baums tief aus der Erde neue Jugendkraft gewinnt, um sie im Frühling an Stamm, Zweige, Blätter, Blüten und Früchte weiterzuleiten".

Übrigens machte Bogomoletz selbst von seinem Serum offenbar keinen Gebrauch, denn er starb schon im Alter von 65 Jahren. Stalin ließ sich einige Injektionen davon verabreichen - ohne Erfolg, wie man weiß.

1931 entwickelte der Schweizer Arzt Paul Niehans seine 'Zellulartherapie'. Das Verfahren basiert auf der Annahme, dass junge, gesunde Zellen aus embryonalem Gewebe 'organspezifisch' beim Empfänger ihre Wirkung entfalten: Herzzellen beispielsweise sollen positiv eine Herzmuskelschwäche beeinflussen, Nierenzellen ein Leiden dieses Organs usw. Der Zellulartherapie nach Niehans wurden Erfolge bei der Behandlung prominenter Patienten wie etwa Pius XII. und Konrad Adenauer zugeschrieben. Manche Ärzte berufen sich auch heute noch auf erstaunliche Heilungen oder doch Verbesserungen bei ihren Patienten; andere Behandler ziehen aus Zellen gewonnene Trockenpräparate vor, weil sie mit weniger Risiken (z.B. anaphylaktischem Schock) verbunden sind. Wieder andere verweisen - abseits der eigentlichen Zelltherapie - auf große Erfolge mit 'Novocain', 'Impletol' oder 'Procain'.

Die Suche nach verjüngenden, vor allem die Potenz steigernden Mitteln hat bis heute nicht aufgehört. Yohimbin, aus der Rinde eines afrikanischen Baums gewonnen, gehört dazu, angeblich auch die Ginseng-Wurzel und vor allem Knoblauch. Manche Anwender berichten von wunderbaren Wirkungen, andere sind enttäuscht.

Und die einfache Erklärung dieser offenbar so widersprüchlichen Resultate liegt wieder in der Feststellung, dass es sich bei der menschlichen Sexualität um ein überaus komplexes Phänomen handelt, dass ebenso von physischen wie von psychischen Faktoren abhängig ist. Doch immer noch halten sich magische Vorstellungen, von denen einige ein psychologisch erklärbares Fundament haben. Christoph Wilhelm Hufeland, der Arzt Schillers und Goethes, wies darauf hin, dass jedermann bekannt sei, wie leicht man sich Krankheiten einbilden könne. Warum, so fuhr er fort, sollte man sich dann nicht Gesundheit einbilden können? - Nahezu jeder kennt die Wirkung von Placebos und Suggestionen, und diese scheinen gerade bei der Anwendung potenzsteigernder Präparate eine nicht zu unterschätzende Rolle zu spielen.

Der Leibarzt Mao Dse Dungs, Zhi-Sui Li, berichtet, Mao sei überzeugt gewesen, dass ein Mann jenseits der sechzig impotent werden müsse. Er selbst war es noch um die siebzig nicht und schrieb das taoistischen Sexualpraktiken zu. Man brauche als Mann nur 'Yin shui', nämlich Vaginalsekrete, um sein eigenes 'Yang' (Lebenskraft. Potenz) zu erhalten. Dabei sei es notwendig, Yang nicht zu verschwenden, also nur selten zu ejakulieren. Die Lebensverlängerung kam nach Maos Meinung aus dem Sekret der Partnerinnen, und zwar wechselnder junger Frauen, ganz in der Tradition der chinesischen Kaiser. Man geht wohl nicht ganz fehl in der Annahme, dass sich auch europäische und amerikanische Männer des höheren Alters nach dieser - irrigen - fernöstlichen Überzeugung verhalten – falls sie es sich leisten können.

Ganz anders steht es mit der 'Potenzpille' Viagra. Sie bewirkt eine rasch eintretende Erektion und eine Verlängerung des Geschlechtsaktes. Risikofrei ist das selbstverständlich nicht, ebensowenig wie die Ovulationshemmer, die eine Konzeption verhindern. Es gibt kein potentes Arzneimittel, das tief in die Physiologie des Körpers eingreift und keinerlei Nebenwirkungen hat. Deshalb sollte an der ärztlichen Verordnung beider Arzneimittelgruppen festgehalten werden. Eine großzügige und unkontrollierte Verschreibung von Ovulationshemmern ist ebenso verantwortungslos wie die von Viagra oder demnächst auf den Markt kommenden ähnlichen Substanzen.

Andererseits soll nicht verkannt werden, dass die 'Verhütungspille' ungewollte Schwangerschaften zuverlässig verhindert und somit Frauen wirkungsvoll schützt. Das gilt auch bei der Abwägung zwischen Nutzen und Risiken bei Viagra. Wer die psychischen Störungen durch Potenzschwäche kennt, wird in diesem Medikament eine wichtige Unterstützung sehen und es sich nach sorgfältiger Diagnose verschreiben lassen. Sehr hilfreich kann Viagra für Abnutzungserscheinungen im höheren Lebensalter mit Potenzschwäche oder Potenzverlust sein. Der Verkaufspreis ist allerdings derzeit noch so hoch, dass eine Verschreibung wohl nur bei strenger medizinischer Indikation erstattungsfähig sein kann. Aber wie schon jetzt abzusehen ist: für viele ältere Paare kann Viagra einen Neubeginn ihres Sexuallebens bcdeuten.

Ehe und Partnerschaft im Alter

Der römische Dichter Ovid hat uns in seinen 'Metamorphosen' die Geschichte von Philemon und Baucis überliefert, eines alten Ehepaars in Phrygien. Die beiden leben in Armut und Sorge, aber auch in tiefem Einvernehmen miteinander, das Idealbild einer alt gewordenen Partnerbeziehung. Sie allein nahmen eines Tages die Götter Jupiter und Merkur, die auf einer Wanderung vorbeizogen, gastlich bei sich auf. Zur Strafe wurde das Land ringsum überschwemmt, die Hütte der Alten aber in einen prächtigen Tempel verwandelt. Jupiter machte Philemon und Baucis zu seinen Priestern, und nach Jahren erfüllte sich ihr Wunsch eines gemeinsamen Todes. Jupiter verwandelte Philemon in eine Eiche, Baucis in eine Linde, zwei Bäume, die ineinander wuchsen.

Diese Geschichte entstand vor 2000 Jahren, doch sie berührt uns heute noch, wenn auch eher als schönes Märchen. Das Bild von den ineinander gewachsenen Bäumen deutet auf eine nicht ungefährliche Alterserfahrung. Was ist, wenn einer der Bäume abstirbt? Wird dann der andere, der überlebende, nicht völlig hilflos sein, vielleicht sogar seine Standfestigkeit verlieren und selbst zugrunde gehen? - Außerdem kommen ineinander verwachsene Bäume in der Natur kaum vor. Bäume stehen nebeneinander, geben sich gegenseitig Schutz; sie gehören zueinander, aber sie haben eigene Wurzeln, mit denen sie auch eigenen festen Halt in der Erde finden.

Es gibt einen fließenden Übergang von enger, symbiotischer Lebensgemeinschaft zu sich umklammernden und schließlich erdrückenden Partnerverhältnissen, vor allem im höheren Alter.

Viele ältere Frauen fühlen nach dem Tod ihrer Partner

nur noch Kraftlosigkeit, sie sehen keinen Sinn mehr in ihrem Leben. Männer wiederum berichten von ihrer Hilflosigkeit ohne die treu sorgenden Dienste, ohne die Nähe ihrer Lebensgefährtinnen. Die Ursachen solcher Umklammerungen sind Verlustängste auf dem Boden mangelnder Ich-Stärke: die eigene Identität wurde stets nur durch den anderen, den Partner / die Partnerin erlebt.

Es gibt so etwas wie eine 'Diät der Lüste', wobei sich der Begriff 'Diät' nicht auf die zuträgliche Ernährung beschränkt, sondern im umfassenden griechischen Sinn die Lebensweise, die Lebenskunst meint. Hippokrates hat eine solche Schrift 'Peri diaites' verfasst. Der dritte Teil enthält unter der Bezeichnung 'Aphrodisia' Empfehlungen, die der Liebe förderlich sein sollen. Sie sind wie ein Gesundheitskalender nach Jahreszeiten geordnet. Für den Winter wird häufiger Geschlechtsverkehr empfohlen, besonders für die älteren Männer, die zur Kälte neigen. Im Frühjahr sollte die Zahl der sexuellen Aktivitäten eingeschränkt und im Sommer überhaupt so weit wie möglich eingestellt werden.

Von Pythagoras ist der Spruch überliefert: »Man muss sich den Aphrodisia im Winter hingeben und nicht im Sommer; und sehr maßvoll im Frühling und im Herbst; davon abgesehen sind sie zu jeder Jahreszeit lästig und schlecht für die Gesundheit«. Und das alles im sinnenfrohen Griechenland! Auch Platon lobt die Enthaltsamkeit und fordert sie geradezu von Sportlern während des Trainings. Issos von Tarent, ein gerühmter Olympiasieger, rührte beispielsweise während des Trainings und der Wettkämpfe nie eine Frau oder einen Knaben an. Die Griechen meinten, Frauen brauchten den Geschlechtsverkehr, um den für ihren Organismus notwendigen Ausfluss hervorzubringen; Männer könnten dagegen ihren Samen zurückhalten, um Kräfte zu sammeln und zu steigern. Mag sein, dass damals schon an so etwas wie Sublimierung des Geschlechtstriebs gedacht wurde. Die Griechen empfanden den Sexualakt nicht als Übel; er wird nicht ethisch disqualifiziert, »aber die Texte zeugen von einer Unruhe, einer Besorgnis, die dieser Aktivität selbst gilt« (Michel Foucault, „Der Gebrauch der Lüste").

Platon schreibt im »Philebos«: »Die Lust zieht den ganzen Körper zusammen, es kommt zu Verzerrungen und Zuckungen, zu allen möglichen Verfärbungen und Gestikulationen, zu Keuchen und Schnauben, zu besinnungslosem Aufschreien...« Der sexuelle Genuss als 'kleine Epilepsie' (Demokrit) ? - So absonderlich die geschilderte Einstellung zu den 'Aphrodisia' auch anmuten mag, sie findet sich bei manchen älteren Paaren auch heute noch. Und Foucault versucht eine Erklärung: »Die Bedeutung, die man dem Geschlechtsakt und seiner Einschränkung beimaß, ist also nicht nur in seinen negativen Auswirkungen auf den Körper begründet, sondern in dem, was er selbst und von Natur aus ist: Gewalt, die sich dem Willen entzieht, Verausgabung, die an den Kräften zehrt.

Der Sexualakt beunruhigt nicht, weil er von Übel wäre, sondern weil er das Verhältnis des Individuums zu ihm selber und seine Konstitution als Moralsubjekt stört und bedroht«. Solche Besorgnisse findet man auch in fremden Kulturen. Aber es gibt dort ganz andere Antworten darauf, zum Beispiel in den fernöstlichen 'Schlafzimmertraktaten', wie sie uns van Gulik in seiner Sammlung über die altchinesische Kultur überliefert. Da heißt es, eine 'richtig' betriebene sexuelle Aktivität diene der

Stärkung und der Verjüngung der Existenz. Foucault bemerkt: »In dieser ars erotica mit deutlichen ethischen Absichten, die die positiven Effekte einer gemeisterten, reflektierten, vervielfachten und verlängerten Aktivität zu intensivieren sucht, wird die Zeit - die Zeit, die den Akt beendet, den Körper hinfällig macht und den Tod näherbringt - gebannt«.

Auch wenn uns manches daran befremden mag, es enthält die verschlüsselte Erkenntnis, dass Liebe nicht auf den Geschlechtsakt beschränkt sein darf.

Für das alte Griechenland hatte die Ehe überhaupt eine andere Bedeutung als für uns Heutige. In einer Demosthenes zugeschriebenen Rede ('Gegen Neaira') heißt es: »Die Kurtisanen haben wir für das Vergnügen, die Konkubinen für die tägliche Bequemlichkeit; die Gattinnen haben wir, um eine legitime Nachkommenschaft und eine treue Hüterin des Herdes zu haben«. Die Ehe nicht in erster Linie als Liebesbeziehung, sondern als Zweckgemeinschaft - das ist nicht nur eine allgemein akzeptierte Überzeugung auch des Mittelalters bis ins 19.Jahrhundert, sondern ist zuweilen bis in die Gegenwart anzutreffen.

Wie sich nun Partnerschaft im Alter gestaltet, hängt am wenigsten von den Lebensjahren ab, die jeder für sich oder beide gemeinsam verbracht haben. Altern, es wurde an mehreren Stellen in unterschiedlichen Zusammenhängen betont, ist ein individueller Vorgang. Wie er erlebt wird, hängt von vielen Faktoren ab, u.a. von der Persönlichkeitsstruktur, der Biographie, von Bildungsgrad und Gesundheitszustand.

Aus Umfragen ist zu erfahren, dass viele Frauen zwischen 60 und 65, Männer durchschnittlich etwa mit 68 den Geschlechtsverkehr einstellen. In der Mehrzahl wird die Beendigung durch den Mann verursacht: Krankheit, Potenzprobleme, allgemeiner körperlicher Abbau, Abnutzung der Gefühle sind die am häufigsten erwähnten Gründe dafür. Aber auch Zerrüttung der Beziehung, vermutete Impotenz des Mannes und beiderseitiger Interesseverlust an Sexualität werden genannt. 12 % der Befragten erleben die Beendigung der sexuellen Beziehungen als positiv, 15 % als ambivalent, 31 % als negativ, 42 % als indifferent.

»Ich bin eigentlich sehr zufrieden, dass ich damit fertig bin«, sagt eine 59jährige Frau. Und vielleicht spricht sie für viele, die die 'eheliche Pflicht' überwiegend als lästig und langweilig empfunden haben. 40 % der befragten Frauen gaben nach Kirsten von Sydow an, dass sie mit ihrem Partner den Geschlechtsverkehr immer in derselben Position vollziehen. Nur 2 % der älteren Frauen sagten, sie seien mit ihrem Partner manuell-genital oder oral-genital aktiv. Sydow erwähnt als Fazit: »In meiner Untersuchung stand die Hälfte der befragten Frauen (54 %) dem Thema 'Sexualität im höheren Alter' indifferent gegenüber ('muss jeder selbst wissen') , 20 % bewerteten es positiv, wenn auch hochbetagte Menschen sexuell aktiv sind; jeweils 9 % waren ambivalent oder sahen es negativ - und für 8 % stellte sich die Frage gar nicht, da sie überzeugt waren, Sexualität schlafe ab einem gewissen Alter naturgemäß und automatisch ein«.

Bei der ersten und stärksten Gruppe, den 'Indifferenten', darf man annehmen, dass sie über ihre verborgenen Wünsche einfach keine Auskunft geben wollten. Zweifel an der geäußerten Gleichgültigkeit sind durchaus berechtigt. Und bei der letzten Gruppe handelt es sich wohl um die Internalisierung eines in der Gesellschaft weit verbreiteten Fehlurteils über das automatische 'Verlöschen' der Sexualität. Wie schon erwähnt: Umfragen gerade über Sexualität und besonders die Alterssexualität bieten kaum zuverlässige Ergebnisse. Es gibt ja sehr differenzierte Gründe, sich beispielsweise von einem bislang glücklichen Sexualleben zu verabschieden. Einer davon liegt möglicherweise im persönlichen Narzissmus, also im Verhältnis zu sich selbst. Der eigene Körper verändert sich im Alter und es ist nicht leicht, sich mit diesen Veränderungen als untrüglichen Zeichen des Alterns und Vergehens abzufinden, geschweige denn anzufreunden. Das kann sich steigern bis zum Ekel vor dem eigenen Körper, häufiger aber bis zur Weigerung, diesen alten Körper noch einem anderen Menschen zuzumuten.

Simone de Beauvoir schreibt: »Man kann Vergnügungen nicht nachtrauern, wenn einem der Sinn nicht mehr danach steht, sagen die Moralisten, die das Alter der Keuschheit weihen. Das ist sehr kurzsichtig. Gewiss, normalerweise stellt sich die Begierde nicht um ihrer selbst willen ein; sie ist die Begierde nach einem Genuss oder nach einem bestimmten Körper. Wenn sie aber nicht mehr spontan entsteht, kann man dennoch bedauern, dass sie verschwunden ist. Der alte Mensch begehrt oft zu begehren, weil er die Sehnsucht nach unersetzlichen Erfahrungen bewahrt, weil er dem erotischen Universum verbunden bleibt, das er sich in der Jugend oder im reifen Alter erschaffen hat. Durch die Begierde belebt er die verbleichenden Farben«.

Für viele ältere Paare ist die geringere Zahl sexueller Begegnungen ein Problem. Hier spielen ganz gewiss unreflektierte Normvorstellungen eine Rolle, wobei diese Maßstäbe fast zwangsläufig die eigene Sexualpraxis als defizitär erscheinen lassen. Man weiß, welch wichtige Rolle für das Selbstwertgefühl gerade des älteren Mannes seine Potenz spielt, ohne die Geschlechtsverkehr nicht möglich ist. Nicht so sehr das nachlassende sexuelle Verlangen, wohl aber die reduzierte Potenz ist eines der schmerzlichen Merkmale des Älterwerdens, ein natürlicher, wenn auch für viele Männer angstbesetzter Vorgang. Bei alternden Frauen kann sexuelles Verlangen ebenso intensiv sein, aber für sie gibt es wenigstens kein Potenzproblem. Sie fragen sich daher, warum die Geschlechtsfunktionen eines körperlich noch aktiven und geistig beweglichen Mannes nicht mehr wie in früheren Jahren ablaufen.

Und dabei taucht häufig der Verdacht auf, dieser männliche Partner habe dann wohl Geschlechtsverkehr mit einer anderen Frau. Viele der Patienten geben an, nur bei ihren Ehefrauen 'impotent' zu sein, bei anderen Frauen waren sie ohne Schwierigkeiten zum Geschlechtsakt fähig. Auch das Gegenteil wird berichtet, nämlich eine einigermaßen befriedigende Sexualbeziehung mit der eigenen Partnerin, aber Versagen bei einer neuen außerehelichen Begegnung. In vielen Fällen handelt es sich also um partielle Impotenz, aber auch sie kann bei Männern Gefühle des Versagens und der Minderwertigkeit auslösen.

Die Sexualtherapeuten Gerd Arentewicz und Gunter Schmidt entdeckten vier typische 'partnerdynamische Prozesse', die auch für alternde Partnerschaften im höheren Lebensalter ihre Bedeutung haben. Den ersten dieser Prozesse nannten sie die Delegation : Der oder die 'Ungestörte' hat ein Interesse an der Funktionsstörung des Partners. So könnte beispielsweise die sexuelle Unlust der Partnerin, gleichgültig worauf sie beruht, dem Mann zum Vorwand dienen, ein 'Verhältnis' aufzunehmen. Er muss sich dann nicht mit dem sexuellen Problem der eigenen Partnerbeziehung auseinandersetzen, sondern hat einen willkommenen Vorwand , mit 'gutem Gewissen' der eigenen Lust auf außereheliche Beziehungen nachzugeben; die 'Schuld' daran wird an die Partnerin delegiert.

Der zweite Typus ist das Arrangement. Hier ziehen beide Partner einen Nutzen aus der Störung. Das kann der Fall sein, wenn beide Menschen an chronischen Erkrankungen oder Behinderungen leiden, die praktizierte Sexualität mühe- oder schmerzvoll machen. Doch muss das ja gar nicht als 'Störung' empfunden werden, wenn das Zusammenleben von beiden Partnern auch ohne Sex als angenehm und befriedigend erlebt wird.

Ein dritter partnerdynamischer Prozess besteht in der Wendung gegen den Partner. Gemeint ist der Kampf um die Macht innerhalb der Partnerbeziehung, der auf sexueller Ebene ausgetragen wird. Der oder die Eine 'gewährt' Sexualität gewissermaßen als Belohnung für Wohlverhalten des Anderen - sonst entzieht sich er oder sie den sexuellen Wünschen der Partnerin oder des Partners. Das Ganze kann sich aber auch schon im Vorfeld abspielen, etwa im provokanten Flirt, um dem jeweils anderen zu zeigen: Ich bin konkurrenzfähig auf dem freien Markt der Lüste, es gibt noch andere außer dir, gib dir gefälligst Mühe, mich zu halten, denn sonst gehe ich fremd.

Den vierten Typus bezeichnen die beiden Sexualwissenschaftler als Ambivalenzmanagement. Über die Sexualstörung wird - ganz nach Wunsch - entweder mehr Nähe oder mehr Distanz hergestellt. Es ist, als wollte man sein eigenes labiles Selbstwertgefühl dadurch stabilisieren, dass man gelegentlich den sexuellen Wünschen des Partners oder der Partnerin widersteht oder - im Gegenteil - ihnen willfährig nachgibt, je nach eigener Stimmung. Das ist bis zu einem gewissen Grad völlig normal, aber dann nicht mehr, wenn die eigene Lust unterdrückt wird, um sich selbst eine Art von 'Autonomie' zu beweisen: ‚Ich habe 'es' in der Hand...'

Obwohl viele Frauen bis in ihre späten Jahre sexuell aktiv bleiben, treten bei anderen wiederum physische und psychische Veränderungen auf, die von dämpfender Wirkung auf die Potenz ihrer Partner sind. Männer leiden unter fortwährendem Nörgeln und Klagen eifersüchtiger Frauen, andere werden von schlampigen Gewohnheiten, die manche älteren Frauen entwickeln, körperlich abgestoßen. Das gilt natürlich auch für allzu bequeme, immer nur fordernde, mit sich und der Welt unzufriedene Männer, deren Verhalten eine ständige Provokation der Partnerin darstellt. Bei solchen Paaren findet man eine schmerzliche Unfähigkeit zu lieben und man fragt sich, was diese Menschen eigentlich noch beieinander hält. Doch wahrscheinlich steckt in dem quälenden Nebeneinanderherleben eben auch Verbindendes: Die manchmal kaum erträgliche Gleichgültigkeit und Kälte ist vertraut, das Paar hat sich damit arrangiert und sie ist weniger bedrohlich als der Absprung in eine neue Beziehung. Die Möglichkeiten eines Partnerwechsels werden ohnehin mit zunehmendem Alter immer geringer.

Die allgemeine Erfahrung belegt, dass es gute symbiotische Beziehungen auch ohne Sexualität im engeren Sinn geben kann und gibt. Aber gewiss gibt es sie nicht ohne Zärtlichkeit. Vielleicht das wichtigste Instrument zum Ausdruck von Zärtlichkeit ist die Hand, eines der wesentlichsten Merkmale, das den Menschen auch von höher entwickelten Säugetieren unterscheidet.

Wer überlegt, zu welch erstaunlichen Leistungen unsere Hand fähig ist und wie sehr sie auch Gefühle auszudrücken vermag, der kommt leicht dahinter, dass die Bedeutung der menschlichen Hand kaum zu überschätzen ist. Der Säugling wird gestreichelt und liebevoll in den Händen, auf den Armen gewiegt; mit den Händen spielen wir Musikinstrumente, der Anschlag auf dem Klavier entscheidet über den musikalischen Ausdruck, bei Saiteninstrumenten bestimmen der Druck der Finger und das Vibrato die Klangqualität.

In der Therapie hat sich oft als hilfreich erwiesen, älteren Paaren zur Wiederentdeckung ihrer Hände zu verhelfen, Zärtlichkeit zu üben, ihnen Mut zu machen zum Tasten, zum Fühlen, zum wirklichen Greifen. Oft erlebt man dann zunächst einen Schock: „Nein, das tun wir nicht, das ist unanständig, lächerlich". Hier begegnen wir wieder internalisierten Normen und dem tief sitzenden Klischee vom asexuellen Alter. Doch es gilt, älteren Menschen zu vermitteln, wie wichtig es für ihre Beziehung sein kann, wenigstens darüber nachzudenken, miteinander darüber zu sprechen oder gar auszuprobieren, ob denn nicht auf diese Weise beide eine größere Befriedigung an- und miteinander haben könnten als zuvor. Sicher gilt der Grundsatz, dass erlaubt ist, was beide Partner zulassen können, und ganz besonders dann, wenn es ihnen Freude, Genuss und Befriedigung gibt.

Würden sexuelles Verlangen von Mann und Frau zur gleichen Zeit und in gleichem Maß abnehmen, dann wäre die Impotenz des Mannes in vielen Fällen gar kein wirkliches Problem - aber leider verhält es sich nicht so.

Abgesehen von den großen Unterschieden im sexuellen Empfinden und Wünschen auch bei gleichaltrigen Menschen, besteht zwischen Ehepartnern heute ein oft erheblicher Altersunterschied von zehn, fünfzehn, ja von zwanzig Jahren, der ja auch die Partnerbiographien beeinflusst. Doch nur wenig im Prozess einer alternden Paarbeziehung verläuft 'schicksalhaft'. Solange Respekt voreinander, Aufmerksamkeit füreinander und Zärtlichkeit miteinander lebendig bleiben, bedeuten Altersunterschiede nicht viel. Noch einmal sei es gesagt: Nachlassende Potenz beim Mann höheren Alters ist ganz natürlich. Diese Einsicht fällt vielen Männern schwer, denn die Fähigkeit, eine Frau sexuell zu befriedigen, ist für das Selbstwertgefühl meist von fundamentaler Bedeutung. Auch Frauen sollten das wissen, um nicht durch abwertende Haltung, Gesten oder Worte („Schlappschwanz") das Problem noch zu verstärken.

Häufig werden 'Schuld' oder 'Verantwortung' für nicht befriedigende Beziehungen zwischen den Partnern hin und her geschoben. Nun ist aber eine Partnerbeziehung ein äußerst komplexes Gefüge von sehr unterschiedlichen Faktoren, deren Wertigkeit sich überdies im Lauf der Zeit verändert.

Viel scheint davon abzuhängen, ob sich das Paar von der weit verbreiteten Auffassung freimachen kann, sexuelle Erfüllung sei ausschließlich abhängig von Geschlechtsverkehr. Tatsächlich gibt es ja viele andere Möglichkeiten sexueller Stimulation und Befriedigung; mannigfache manuelle und orale Möglichkeiten stehen zur Verfügung und können für die vollständige Befriedigung der Frau, auch wenn die Potenz des Mannes für den Koitus nicht ausreicht, ebenso erfolgreich sein wie der 'normale' Verkehr. Aber die Anwendung solcher

Praktiken setzt voraus, dass die Kommunikation zwischen Mann und Frau weitgehend frei von Verlegenheit aufrecht erhalten wird.

Die Sehnsucht nach Partnerschaft auch im höheren Alter ist nichts anderes als der Wunsch, nicht ganz allein zu sein. Die Männer haben es dabei offenbar ein wenig leichter als die Frauen. In der Altersgruppe der 60 - 69jährigen stehen zwei Männern drei Frauen gegenüber; bei den 70 - 89jährigen kommen auf einen Mann zwei Frauen; bei den über 90jährigen gibt es dreimal soviel Frauen wie Männer.

Die meisten alleinstehenden Frauen wünschen sich einen Partner, wobei nur die Hälfte der Frauen von einem Sexualpartner spricht, und zwar ein Viertel mit Geschlechtsverkehr, das andere Viertel bevorzugt zärtlich-erotische Kontakte. Dazu einige Stimmen aus den Umfragen von Renate Daimler: „Ich will den Respekt einer anständigen Erektion, nichts weiter" (Dorothea, 83 J.).

„Ich muss mir die Männer auf Distanz halten. Eine schöne Nacht, ja - aber bleiben darf keiner. Ich will sie in der Früh nicht neben mir haben. Ich will auch nicht, dass sie wiederkommen. Da fangen dann nur die Verpflichtungen an. Ich will mit ihnen schlafen und damit basta. In meinem Alltag sind sie überflüssig" (Klara, 66 J.).

„Jetzt, mit 70, habe ich endlich gewagt zu sagen, dass ich nicht mehr will. Seither lässt er mich in Ruhe, aber ich spüre immer meine Angst dabei. Ich möchte ihn nicht verlieren. Er ist für mich ein Lebenselixier" (Magda, 70 J.).

Noch einmal: Solche Aussagen füllen Bücher und sie bedeuten nicht mehr und nicht weniger als höchst persönliche Meinungen. Beim Leser kann da oder dort einmal ein Effekt des Wiedererkennens der persönlichen Einstellungen eintreten, im Übrigen befriedigen derartige Umfrageergebnisse eher das voyeuristische Bedürfnis einer breiten Öffentlichkeit, als dass sie zum wirklichen Verständnis der Sexualität älterer Menschen beitragen. Robert Kastenbaum („Lieben im Alter") schreibt: „Wie wichtig ist überhaupt die Häufigkeit sexueller Kontakte ? Bekanntlich haben ja im Alter Qualität und Quantität weniger miteinander zu tun. Jeder erotische Kontakt zwischen Partnern, die eine lange und intensive Beziehung hinter sich haben, bedeutet eine Bekräftigung, die wichtiger ist als das momentane Vergnügen.

Lange Jahre der Zuneigung drücken sich darin aus. Auch wenn monatlich nur ein einziger Kontakt stattfindet, so kann dieser dennoch drei, vier oder fünf Jahrzehnte der sexuellen Intimität erneuern.

Beide Partner geben einander das Gefühl, weiterhin begehrenswert zu sein, und beweisen, dass sie sexuell noch immer aktiv sind".

Religion und Sexualmoral

Für ältere katholische Paare ist wohl unmittelbar ein-
leuchtend, was ein solches Kapitel mit ihrer Partnerschaft
zu tun hat. Die Amtskirche definierte nämlich bis in
jüngste Zeit den Zweck der Ehe so eindeutig und exklu-
siv, dass Sexualität unter älteren Menschen zwangsläufig zur 'verbotenen Lust' werden musste. Und so heißt
auch ein bemerkenswertes Buch von Georg Denzler,
langjähriger Professor für Kirchengeschichte an der
Universität Bamberg (»Die verbotene Lust' - 2000 Jahre christliche Sexualmoral«). Umfangreiche Eheregu-
larien finden sich im Gesetzbuch der katholischen Kirche, dem Codex Iuris Canonici.

Und darin heißt es: »Der erste Zweck (finis primarius)
der Ehe ist die Zeugung und Erziehung der Nachkommenschaft; der zweite Zweck (finis secundarius) sind
gegenseitige Hilfe und Heilmittel gegen die Begierlich-
keit« (can. 1013). Ältere Paare 'erzeugen' keinen Nach-
wuchs mehr und können somit den ersten Ehezweck
nicht erfüllen. Immerhin: als 'Heilmittel gegen die Be-
gierlichkeit' mag die eine oder andere sexuelle Hand-
lung gerade noch angehen. 1930 erließ Papst Pius XI.
seine Enzyklika 'Casti conubii' und sie enthielt die fun-
damentale Aussage, dass der eheliche Coitus »naturgemäß zur Weckung neuen Lebens« bestimmt sei. Und
daraus habe zu folgen: »Die Eheleute müssen sich in
allem nach der Norm Gottes und des Naturgesetzes richten... Wer den ehelichen Akt bei seinem Vollzug absicht-
lich der ihm eigenen natürlichen Kraft beraubt, handelt
gegen die Natur«. Das ist eine Absage an jede Form der
Empfängnisverhütung und damit der Geburtenregelung,
aber sie muss alte Menschen nicht betreffen, deren Fortpflanzungsfähigkeit erloschen ist.

Pius XII. verkündete 1958: »Die Ehegatten, die von ihrem ehelichen Recht Gebrauch machen, haben die positive Pflicht, Kraft des für ihren Stand geltenden Naturgesetzes, die Zeugung nicht auszuschließen«.

1983 wurde das Kirchenrecht in Folge des II. Vatikanischen Konzils revidiert. Nun ist nicht mehr von Ehezwecken die Rede, sondern von Einheit und Unauflöslichkeit der Ehe (can.1056). Wörtlich heißt es jetzt: »Der Ehebund, durch den Mann und Frau miteinander die Gemeinschaft des gesamten Lebens begründen, die auf Grund ihrer natürlichen Eigenart auf das Wohl der Gatten wie auf Zeugung und Erziehung von Nachkommenschaft hingeordnet ist, wurde von Christus dem Herrn unter Getauften zur Würde eines Sakramentes erhoben« (can.1044). Damit kann sich ein älteres katholisches Ehepaar trösten, denn die gemeinsame Sexualität ist ja 'auf Grund ihrer natürlichen Eigenart auf das Wohl der Gatten (nicht etwa des Gatten, wie in der alten Tradition) hingeordnet'. Es bleibt das Geheimnis zölibatärer Amtsträger, wie man selbst eheliche Sexualität, die ja wie alle Sexualität durch Trieb und Lust bestimmt wird, wie man also eine Leidenschaft 'ordnen' kann.

In der seelsorgerischen Praxis werden heute Fragen der Sexualmoral im Grunde recht großzügig behandelt. »Doch die höchste Kirchenautorität«, schreibt Denzler, »der Papst und die päpstlichen Kongregationen, zeigen sich weiter entschlossen, an der traditionellen Ehe- und Sexualmoral der Kirche um jeden Preis, auch um den Preis der Emigration von immer mehr Gläubigen aus der Kirche, festzuhalten. Die Reden, die der Papst bei seinen vielen Auslandsreisen gehalten hat, beweisen diese Entschlossenheit an der Spitze der Kirche überdeutlich«.

Die kirchliche Sexualmoral interessiert wohl heute nur wenige gläubige Menschen, und das ist im Grunde bedauerlich. Jede Gesetzgebung läuft ins Leere, wenn sich niemand ernsthaft danach richtet und kaum eine Möglichkeit besteht, sie durchzusetzen. Andererseits kann die Kirche durch ein flottes 'aggiornamento', eine stromlinienförmige Anpassung an die Moral des Tages, nicht ihre als richtig erkannten Grundüberzeugungen suspendieren.

Doch ist im Sinn unseres Themas zu fragen: Worauf stützen sich diese sexualmoralischen Grundüberzeugungen und wie sind sie entstanden ?

Im Schöpfungsbericht des Alten Testamentes, der Genesis, erzählt uns der Jahwist, so benannt nach seiner Vorliebe für den Gottesnamen ‚Jahwe', von der Erschaffung des Menschen: »Da formte Gott, der Herr, den Menschen aus Erde vom Ackerboden und blies in seine Nase den Lebensatem. So wurde der Mensch zu einem lebendigen Wesen«(Gen 2,7). Und dann die wichtige Fortsetzung, als Gott spricht: »Es ist nicht gut, dass der Mensch allein bleibt. Ich will ihm eine Hilfe machen« (Gen 2,18). Wir alle kennen die Fortsetzung. Aus einer Rippe Adams ' baut' der Herr ihm die Frau, und Adam sagt: »Das endlich ist Bein von meinem Bein und Fleisch von meinem Fleisch. Frau (hebr. ‚ischáh') soll sie heißen, denn vom Mann (hebr. ‚isch') ist sie genommen. Darum verlässt der Mann Vater und Mutter und bindet sich an seine Frau, und sie werden ein Fleisch« (Gen 2, 23-24).

Das ist die klassische Erzählung, die jeder kennt und die um das Jahr 1000 v.Chr. entstanden sein mag. Doch es gibt ja noch einen anderen Bericht von der Erschaffung des Menschen, etwa 500 Jahre jünger, und darin heißt es: »Gott schuf also den Menschen als sein Abbild; als Abbild Gottes schuf er ihn. Als Mann und Frau schuf er sie. Gott segnete sie und sprach zu ihnen: Seid fruchtbar und vermehrt euch, bevölkert die Erde, unterwerft sie euch« (Gen 1, 27-28). Dieser Text lässt auf eine gottgewollte Gleichwertigkeit von Mann und Frau schließen; von 'Ehe' ist allerdings keine Rede, zumal es im Hebräischen kein spezielles Wort für die uns bekannte Form der Ehe gibt. Im alten Israel war Polygamie weit verbreitet und wir wissen aus der Bibel, dass sowohl Abraham, Jakob, aber auch David, Salomo und andere, die es sich leisten konnten, in Vielehen lebten. Auf diese Weise konnte sich das kleine Volk Gottes am raschesten vermehren. Nach dem babylonischen Exil (586 - 538) scheint sich die Einehe durchzusetzen, wenigstens in der israelischen Oberschicht, bedingt wohl durch hellenistische Einflüsse.

Wie unbefangen die Menschen des alten Israel die Geschlechtlichkeit lebten und erlebten, bezeugt das großartige und hochpoetische 'Hohe Lied', das eigentlich 'Lied der Lieder' heißt und König Salomo zugeschrieben wird. In der jüdischen Liturgie wurde es die Festrolle für das Passahfest. Nach konservativ-theologischer Auslegung wird im Hohen Lied angeblich die Liebe Gottes zu seinem Volk dargestellt, unter dem Bild der Liebe von Eheleuten. Andere meinten, im Text eine Beschreibung der Liebe Christi zu 'seiner' Kirche erkennen zu können. Aber es gibt auch Theologen, die im Hohen Lied ein 'Schulbuch der erotischen Liebe' sehen, herausgegeben vom liebenden Gott selbst. Zu ihnen gehört Herbert Haag, Professor für alttestamentliche Exegese an der katholisch-theologischen Fakultät der Universität Tübingen. Für ihn, und nicht nur für ihn, zählt das Hohe Lied zu den schönsten Dichtungen der Weltliteratur. »Es wird dabei bleiben müssen, dass im Hohen Lied die erotische Liebe in sich und ohne Bezug zu Ehe und Nachkommenschaft besungen wird«. Und im Text fehlt es nicht an mannigfachen Beweisen für diese These. »Komm, mein Geliebter, wir gehen hinaus aufs Feld, dort schenke ich dir meine Liebe«. Spricht so eine Frau mit ihrem Ehemann? - Oder: »Der Geliebte ist mein und ich bin sein; er weidet in den Lilien. Wenn der Tag verweht und die Schatten wachsen, komm du, mein Geliebter, der Gazelle gleich, dem jungen Hirsch auf den Balsambergen« (HL 2, 16-17). Wohl niemand zweifelt daran, dass hier eine junge verliebte Frau spricht, und viele andere Stellen dieses unvergleichlichen Textes belegen: hier geht es um hocherotische Liebeslyrik.

Bei aller Unbefangenheit des Alten Testamentes gegenüber der Geschlechtlichkeit, es gibt eine Reihe von Stellen, die auf eine geheimnisvolle Angst vor dem sexuellen Verkehr schließen lassen. »Liegt ein Mann bei einer Frau und erfolgt Samenerguss, so müssen sie sich in Wasser baden; sie sind unrein bis zum Abend« (Lev 15 ,18). Frauen galten während ihrer Menstruation als unrein, und zwar bis sieben Tage nach der letzten Blutung (Lev 15,19 - 30). Das Buch des Alten Testamentes, das diese und viele andere Vorschriften enthält, heißt Levitikus, weil es für den Kult und die Priester des Stammes Levi geschrieben wurde. Es entstand erst nach dem babylonischen Exil, fasst aber zweifellos zusammen, was schon lange vorher Tradition gewesen war und die 'Heiligkeit' Israels garantieren sollte. Bei den altorientalischen Völkern gab es keine scharfe Trennung zwischen Alltagsleben und Religion; dem heiligen, 'unbefleckten' Gott sollten nur Menschen dienen, die die Reinheitsvorschriften des Kultes befolgen. Es geht bei all den heute oft befremdlich wirkenden Geboten um Ethik, aber auch um Hygiene.

Das Neue Testament beschäftigt sich so gut wie nicht mit solchen Vorschriften, ohne sie allerdings ausdrücklich aufzuheben. Bei dem Juden Joschuah - Jesus ist kein Respekt vor den Reinheitsgeboten (Lev 11 - 15; Deut 14,4-21) zu erkennen. »Nicht das, was durch den Mund in den Menschen hineinkommt, macht ihn unrein, sondern das, was aus dem Mund des Menschen herauskommt, das macht ihn unrein« (Mt 15,11). »Denn von innen, aus dem Herzen der Menschen, kommen die bösen Gedanken, Unzucht, Diebstahl, Mord« (Mk 7,21)

Bei Paulus finden man eine ganze Reihe sich scheinbar widersprechender Ansichten über Sexualität und Ehe. Er ringt mit einem Konflikt, den er ganz offenbar lebenslang in sich spürte, dem Konflikt zwischen den Ansprüchen der Nachfolge Christi und den elementaren Triebkräften des Körpers. »Das Begehren des Fleisches richtet sich gegen den Geist, das Begehren des Geistes aber gegen das Fleisch; beide stehen sich als Feinde gegenüber« (Gal 5, 13). Oder, noch entschiedener: »Alle, die zu Jesus Christus gehören, haben das Fleisch und damit ihre Leidenschaften und Begierden gekreuzigt« (Gal 5, 24). Paulus gab der Ehelosigkeit den Vorrang, die Ehe galt ihm als eine Einrichtung für diejenigen, die ein Leben in sexueller Enthaltsamkeit nicht führen wollen oder können. Das hat mit Leibfeindlichkeit nichts zu tun, wohl aber mit ethischem Rigorismus. »Den Unverheirateten und den Witwen sage ich: Es ist gut, wenn sie so bleiben wie ich. Wenn sie aber nicht enthaltsam leben können, sollen sie heiraten. Es ist besser zu heiraten, als sich in Begierde zu verzehren« (1 Kor 7, 8).

Auf Paulus geht auch der missverständliche Begriff der 'ehelichen Pflicht' zurück, obgleich die Bibelstelle, in der er vorkommt, auch als pragmatischer, ehetherapeutischer Ratschlag verstanden werden kann. Von Ephesus aus beantwortete Paulus um das Jahr 54 einige Fragen der Christengemeinde in der Hafenstadt Korinth: »Der Mann soll seine Pflicht gegenüber der Frau erfüllen und ebenso die Frau gegenüber dem Mann. Entzieht euch einander nicht, außer im gegenseitigen Einverständnis und nur eine Zeitlang, um für das Gebet frei zu sein. Dann kommt wieder zusammen, damit euch der Satan nicht in Versuchung führt, wenn ihr euch nicht enthalten könnt« (1 Kor 7, 3-6). Für Paulus ist also Sexualität etwas 'Satanisches', das von 'Schwachen' nur durch die Ehe gebändigt werden kann. Ähnliche Überzeugungen und vor allem die Hochschätzung der Jungfräulichkeit findet man bei Aurelius Augustinus im fünften nachchristlichen Jahrhundert.

Eine Ursache dafür liegt in der Vorstellung einer jungfräulichen, also 'unbefleckten Gottesmutter' Maria und mithin der 'Josephsehe'. Die konservative Theologie bezieht sich auf Jesaja 7,14: »Seht, die Jungfrau wird ein Kind empfangen, sie wird einen Sohn gebären und sie wird ihm den Namen Immanuel (Gott mit uns) geben«. Nun steht aber im Originaltext eben nicht 'Jungfrau', was hebräisch 'betula' heißen müsste, sondern Jesaja gebraucht das Wort 'almah', und das bedeutet einfach 'junge Frau'. Der Text wird dadurch biologisch plausibel, aber er stellt gleichzeitig die Jungfernschaft Mariens infrage. Doch hat das etwas mit der Substanz des christlichen Glaubens zu tun und mindert es die Verehrung, die der 'Mutter Gottes' und im 'Ave Maria' der Frucht ihres Leibes gilt?

Der frühere Dogmatikprofessor und jetzige Papst Joseph Ratzinger hat die zweitausendjährige Geschichte der christlichen Sexualmoral als »ein besonders tragisches und dunkles Kapitel in der Geschichte des christlichen Denkens« bezeichnet. Der Theologe Georg Denzler schreibt: »Niemand kann bestreiten, dass die vielfältigen Lehren und Normen der Kirche über Sexualität und Ehe, vom Verbot der Ehescheidung abgesehen (Mt 19,6 und Mk 10.9), nicht auf Aussagen Jesu beruhen. Deshalb sollte man auch nicht von einer christlichen Sexualmoral sprechen. Ebenso ist der Apostel Paulus nicht für alles verantwortlich, was ihm bis heute an radikaler Leib - und Frauenfeindlichkeit zur Last gelegt wird. Die Hauptwurzeln der christlichen Sexualdoktrin liegen in der Gedankenwelt mancher alttestamentlichen Schriftsteller, antiker Philosophen und persischen Manichäer«. Das mag zutreffen, aber erstaunlich bleibt, dass sich das tiefe Misstrauen der konservativen Theologen gegenüber der menschlichen Sexualität bis in unsere Tage erhalten hat, doch immer weniger 'Gläubige' richten sich danach.

Während die Ehe früher in erster Linie als ein rechtlicher Vertrag gedeutet wurde, sieht die Theologie spätestens seit dem II. Vatikanischen Konzil (1962 - 1965) in ihr vornehmlich eine personale Lebens- und Liebesgemeinschaft von Mann und Frau. Dieser theologische Fortschritt, der gleichzeitig den Bruch mit einer jahrhundertealten Tradition anzeigt, schlug sich im neuen Kirchenrecht von 1983 dadurch nieder, dass sie auf die seit Augustinus geltende Ehezwecklehre verzichtete.

Vergessen wir bei allem nicht, dass Jesus sich zu wesentlichen Fragen des Sexuallebens - ganz im Gegensatz zur späteren Kirche - sehr zurückhaltend oder überhaupt nicht äußert. So gibt es von ihm kein Verdikt der außerehelichen Lebensgemeinschaft, keines gegen Prostitution, Homosexualität, Masturbation. Jesus spricht auch nicht von der Sexualität älterer Menschen, aber eben sehr häufig von der Liebe. Dass sich Liebe zwischen Menschen nicht auf rein geistige Kontakte beschränkt, war ihm als 'Orientalen' wohl selbstverständlich. Glaubt man an ihn als den 'Sohn Gottes', dann glaubt man auch an seine Bejahung der Schöpfung, also auch des Menschen in seiner Ganzheitlichkeit, mit seiner Seele sowohl wie 'mit Haut und Haaren', also seiner Sinnlichkeit. Das Wort Sünde kommt 277mal in der Bibel vor, sehr häufig als Verstoß gegen den Heiligen Geist, also die Liebe. Den Begriff Liebe gibt es nicht weniger als 273mal in der Bibel, und an keiner Stelle wird sie als Sünde verurteilt. Die Liebe ist das eigentliche Kernstück des Alten wie des Neuen Testaments. Als Jesus gefragt wurde, welches denn das wichtigste Gebot sei, antwortete er: »Du sollst den Herrn, deinen Gott, lieben mit ganzem Herzen, mit ganzer Seele und mit all deinen Gedanken (dieses Gebot findet sich schon in Dt 6,5).

Das ist das erste und wichtigste Gebot. Ebenso wichtig ist das zweite: Du sollst deinen Nächsten lieben wie dich selbst (Lev 19,18). An diesen beiden Geboten hängt das ganze Gesetz samt den Propheten« (Mt 22, 37 – 40) .

Eine bemerkenswerte Stelle findet sich im Buch Genesis 18, 11- 14. Es geht um die Liebe zweier sehr alter Menschen, des hundertjährigen Abraham und der neunzigjährigen Sara. Gott verheißt ihnen noch einen Sohn und Abraham »fiel auf sein Gesicht nieder und lachte«. Und auch »Sara lachte still in sich hinein, denn ihr ging es längst nicht mehr, wie es Frauen zu ergehen pflegt« (d.h. sie war altersbedingt unfruchtbar). Und sie sagte: »Ich bin doch schon alt und verbraucht und soll noch das Glück der Liebe erfahren? Auch ist mein Herr doch schon ein alter Mann!« - Wir wissen: Sie bekam einen Sohn und nannte ihn Isaak (hebr. ,jizchák' = ,er lacht').

Hier geht es nicht um das Wunder der Fruchtbarkeit im hohen Alter, sondern um die Tatsache, dass körperliche Liebe auch dann noch möglich ist, sogar im Sinne Gottes. Mit anderen Worten: Es wäre völlig unsinnig und unbiblisch, irgendeine negative Einstellung zur Alterssexualität aus der Heiligen Schrift ableiten zu wollen.

Wiederentdeckung der Zärtlichkeit

Es wäre bedauerlich, würde jemand aus diesem Buch verbindliche Empfehlungen herauslesen. Nichts liegt dem Autor ferner, als Ratschläge für die Alterssexualität zu geben. Es geht ja um ein höchst individuelles Phänomen, das von vielen Faktoren bestimmt wird: Von der eigenen Sozialisation, von frühen Erfahrungen, aus denen sich Einstellungen formten, von Lebensschicksalen, von Konstitution und Erkrankungen, aber auch von der Fähigkeit zur Reflektion und nicht zuletzt der persönlichen Religiosität. Es gibt ein weites Spektrum von unterschiedlichsten Einstellungen zur Alterssexualität, und alle diese Einstellungen und Verhaltensweisen sind richtig, wenn sie beiden Partnern Befriedigung bieten. Diese Befriedigung ist gewiss nicht an Sexualität gebunden, aber vielleicht doch an das, was man Erotik nennt, nämlich jede Form von liebevoll - sinnlicher Zuwendung zum andern. Und auch das hat etwas mit Regression zu tun, mit einer Rückwendung auf jugendliche bis kindliche Erfahrungen.

Als Kleinstkinder schon haben wir die zärtliche Berührung des Mutterkörpers und ihrer Hände erlebt; manche erinnern sich daran, wie sie in ihrer ersten Liebe erschauerten, als sie die Hand des oder der Geliebten in ihrer eigenen spürten; und alle späteren Liebeserlebnisse hatten mit unseren bebenden Körpern zu tun, die für eine Weile 'eins' wurden. In den 'Alten' bleibt dieses Bedürfnis nach körperlicher Nähe, nach Berührung, nach der fühlbaren Versicherung, nicht ganz allein zu sein. Eros ist auch ein Freund alter Menschen, wenn sie ihn nur bei sich aufnehmen. Indem ich den Partner berühre, nehme ich an ihm teil, vermittle ihm meine Nähe und spüre seine zu mir.

Es geht um die Wiederentdeckung der Zärtlichkeit. Sie könnte beginnen mit der Wahrnehmung, dass da ein Mensch an meiner Seite lebt, dessen Biographie weitgehend von mir mit geprägt wurde, 'in guten und in bösen Tagen' , wie man sich irgendwann einmal versprochen hatte. Vielleicht habe ich zuviel von ihm erwartet, vielleicht habe ich ihm zu wenig gegeben. Vielleicht bin ich enttäuscht, weil ich mich getäuscht hatte - vielleicht habe ich auch den Partner oder die Partnerin getäuscht, vielleicht er oder sie auch mich? Ist das meine resignierte Bilanz ? - Ich stelle mir vor, ich wäre ganz allein. Wäre ich dann glücklicher ? -

In dem französischen Film 'Die Katze' spielen Jean Gabin und Simone Signoret ein altes Ehepaar, das sich in einen endlosen Kleinkrieg verstrickt hat. Der Kriegsschauplatz ist ein altes heruntergekommenes Haus, als Waffen dienen Giftpfeile von Gehässigkeiten. Die Frau spürt, dass ihr Mann die Katze mehr liebt als sie; aber sie spürt nicht, dass seine durch die Jahrzehnte ermüdete Liebe sich zwar jetzt auf die Katze richtet, aber im Grunde ihr gilt. Sie bringt die Katze um und tötet damit - jedenfalls zunächst - alles, was beide trotz ihres scheinbaren nebeneinanderher Lebens zutiefst bindet. Es sind zwei verzweifelte Menschen, die nicht ohne einander leben können, aber sie sind Analphabeten des Gefühls. Man wartet lange auf ein erlösendes Wort, eine befreiende Geste - doch beides ist so verhalten, so von der gegenseitigen Entfremdung überwuchert, dass die beiden Akteure es gar nicht wahrnehmen.

Es handelt sich hier nicht nur um einen überaus eindrucksvollen Film, sondern um eine Lebenssituation, in der sich wahrscheinlich viele ältere Paare befinden. Die eigenen Gefühle werden nicht mehr angemessen wahrgenommen und schon gar nicht die des anderen. Den Gefühlen entsprechen Bedürfnisse, aber ohne sie zu erkennen, lassen sie sich auch nicht befriedigen. Zärtlichkeit ist ein Urbedürfnis, im Glücksfall hat unser extrauterines Leben mit dem Erleben von Zärtlichkeit begonnen; sie hat uns Vertrauen zu einer zunächst unheimlichen Welt geschenkt, sie linderte unsere elementaren Ängste, sie war und ist die Basis unseres Selbstwertgefühls: Ich werde geliebt, weil ich bin.

Es gibt in jedem Menschen eine tiefe Sehnsucht nach immer neuer Bestätigung, nämlich den eigenen Wert in der Liebe zu erfahren. Erschütternd, wie viele Kinder sich bemühen müssen, allein durch Leistung und Wohlverhalten die Zuneigung ihrer Eltern zu gewinnen und zu erhalten. In der späteren Biographie entwickelt sich häufig daraus ein krankmachendes Arbeitsethos, honoriert von Arbeitgeber und Gesellschaft und oft von sozialem Aufstieg begleitet. Doch unversehens entartet diese ausschließliche Erfolgsorientierung in Selbstausbeutung, Unfähigkeit zur Muße, ja selbst die Familie wird zur Herausforderung, nun auch noch Liebe zu 'leisten'; die Zärtlichkeit wird zur Aufgabe, die es in der Freizeit zu bewältigen gilt.

Auch bei älteren Paaren kann man solche Einstellungen aufspüren. Zunächst kommt es früher oder später zur unvermeidlichen Bilanzierung des bisherigen Lebens. Die Jugendträume und die späteren Lebensentwürfe werden mit dem verglichen, was die nüchterne Realität zugelassen hat. Im günstigsten Fall stellt sich Befriedigung mit dem gegenwärtigen Zustand ein, stabilisiert durch eine Idealisierung der Gemeinschaft mit dem Lebenspartner, weil dadurch auch der eigene verletzbare Narzissmus gestützt wird.

Bei manchen älteren Paaren kommt es zu selbstzufriedener Abkapselung, Selbstzufriedenheit angesichts der Welt 'da draußen', die nur noch selektiv und vorwiegend negativ zur Kenntnis genommen wird. Zärtlichkeit ist dann alltägliche Gewohnheit, eine gegenseitige Beschwichtigung, die dazu verhilft, das Herannahen des Endes nicht allzu bedrohlich wahrzunehmen.

Jean Paul hat es in seinen 'Aphorismen' so ausgedrückt: »Bettet doch alte Menschen weich und warm und lasset sie recht genießen, denn weiter vermögen sie nichts mehr, und beschwert ihnen gerade im Lebens-Dezember und in ihren längsten Nächten Weihnachtsfeiertage und Christbäume; sie sind ja auch Kinder, ja Zurückwachsende«.

Andere Paare spüren, dass das Pathos der lebenslangen 'Gemeinsamkeit', des bedingungslosen Zusammenhalts 'in guten wie in schlechten Tagen' nicht einen totalen Gleichklang der individuellen Bedürfnisse und Einstellungen bedeuten kann. Die Reflektion zeigt ihnen, dass Distanzierung im Sinn eigener Entwicklungen kein Hindernis für zwischenmenschliche Harmonie, sondern geradezu ihre Bedingung ist. Man denke nur an Erich Fromms Unterscheidung: »Ich liebe dich, weil ich dich brauche« und »Ich brauche dich, weil ich dich liebe«. Nicht die 'Nützlichkeit' füreinander ist die Basis von Partnerglück, sondern die nicht Besitz ergreifende Liebe. Individuelle Weiterentwicklung gibt es auch noch im höheren Alter, aber sie wird beflügelt durch das Erlebnis von Zärtlichkeit.

Goethe kommt in seinen 'Maximen und Reflexionen' zu einem resignativen Resultat: »Die Liebe, deren Gewalt die Jugend empfindet, ziemt nicht dem Alten, sowie alles, was Produktivität voraussetzt. Dass diese sich mit den Jahren erhält, ist ein seltener Fall«. Aber der greise Goethe hat sich selbst widerlegt, denn er liebte und blieb produktiv bis ins hohe Alter.

Wesentlich für die psychische Gesundheit im Alter scheint es, dass ein älteres Paar die Art seiner erotisch – sexuellen Beziehung souverän nach eigenen Bedürfnissen lebt. Auch die 'Neuen Alten' sollten nicht in einem törichten Jugendlichkeitswahn der suggerierten Verpflichtung zum Koitus unterliegen, aber ihn ebensowenig ausschließen. Viel entscheidender ist der zärtliche Umgang miteinander, und der kann im Lauf einer langen Partnerschaft verloren gegangen sein. Ihn wiederzugewinnen soll nicht als verpflichtende Aufgabe verstanden werden, aber als Ermutigung, sich die unausweichlich letzten Jahre angenehmer zu gestalten. Zärtlichkeit: Das sind die kleinen Aufmerksamkeiten des Alltags, die gelegentlichen Freuden des gemeinsamen Ausgangs, die persönliche Pflege, der liebevolle Respekt gegenüber den Vorlieben des anderen.

Der alte Kohelet bot schon im dritten vorchristlichen Jahrhundert ein 'Rezept' gerade für ältere Menschen: »Iss freudig dein Brot und trink vergnügt deinen Wein; denn das, was du tust, hat Gott längst so festgelegt, wie es ihm gefiel. Trag jederzeit frische Kleider und nie fehle duftendes Öl auf deinem Haupt. Mit deiner Frau, die du liebst, genieß' das Leben alle Tage deines Lebens, die Er dir unter der Sonne geschenkt hat« (Koh 9, 7-9).

Das Alter ist heute wohl verstanden die Zeit einer Freiheit, die es in dieser Fülle vorher nie gegeben hat. Die Erfahrung von Freiheit kann bedrücken, wenn man sie nicht zu füllen weiß. Und sie wird nicht eigentlich erfahren ohne die Wiederentdeckung der Lust. »Wird die Lust nicht bejaht, kann die Freiheit kaum gedeihen. Denn ohne Lust welken die Sicherheiten. Die inneren Triumphe und Seligkeiten fehlen, die der Erweiterung der Welt, ihrer Durchdringung Kraft und Nahrung geben. Und je älter der Mensch wird, desto mehr Ansporn braucht er, um die Welt für sich zu durchdringen und sie dadurch auch anderen aufzuschließen« (L. Rosenmayr).

Die Gefahr der Abkapselung und damit des 'Abkoppelns' von der allgemeinen Entwicklung ist groß. Die Sinnfrage stellt sich vor allem durch Todesfälle in der Umgebung und durch die eigene Gebrechlichkeitserfahrung vehement. Einen scheinbaren Ausweg bietet der Aktivismus vieler älterer Menschen. Man möchte sich in irgendeiner Weise noch nützlich machen, nicht zum 'alten Eisen' gehören innerhalb einer Gesellschaft, die ja die jugendliche Dynamik idolisiert, man will mittun und dazugehören. Falls das wirklich Freude bereitet und nicht nur vorgeschoben ist, um den eigenen Alterungsprozess zu verleugnen, kann das sinnvoll sein. Die heutige Gerontologie favorisiert die Aktivierungsthese, und für sie sprechen zahlreiche Studien.

»Wollen wir vermeiden, dass das Alter zu einer spöttischen Parodie unserer früheren Existenz wird, so gibt es nur eine einzige Lösung, nämlich weiterhin Ziele zu verfolgen, die unserem Leben einen Sinn verleihen: das hingebungsvolle Tätigsein für einzelne, für Gruppen oder für eine Sache, Sozialarbeit, politische, geistige, schöpferische Arbeit. Im Gegensatz zu den Empfehlungen der Moralisten muss man sich wünschen, auch im hohen Alter noch starke Leidenschaften zu haben, die es uns ersparen, dass wir uns nur mit uns selbst beschäftigen. Das Leben behält einen Wert, solange man durch Liebe, Freundschaft, Empörung oder Mitgefühl am Leben der anderen teilnimmt« (Simone de Beauvoir).

Sigmund Freud hat sich über die mögliche Sublimierung der Sexualität in schöpferisches Handeln ausgelassen, aber er fügte hinzu, das sei leider nur wenigen Menschen möglich Und ähnlich resignierend meint de Beauvoir: »Nur werden diese Möglichkeiten lediglich einer Handvoll von Privilegierten eingeräumt, und gerade im hohen Alter vertieft sich noch der Graben zwischen ihnen und der riesigen Mehrheit der Menschen«.

Resignation hat jedoch auch eine positive Bedeutung. Es bedeutet das Wegstreichen von Wünschen ans Leben, die sich als unerfüllbar erwiesen haben. Das geht mit einer gewissen Trauer einher, die unvermeidlich zu sein scheint wie jedes Abschiednehmen. Aber es kann sein, dass auf der Wunschliste ein paar Posten übrig bleiben, die sich als die eigentlichen, die bleibenden Werte herausstellen. Die Gesundheit gehört dazu, das Freisein von drückenden materiellen Sorgen, die Fähigkeit, persönliches Glück wahrzunehmen, ja, die Freiheit des Alters zu spüren. Cicero läßt Cato d.Ä. sagen: »Ich habe noch im Alter Griechisch gelernt und mich mit solcher Gier auf die griechische Literatur gestürzt, wie wenn ich einen schon lang andauernden Durst hätte stillen wollen«.

Es muss weder Griechisch sein noch das viel gepriesene 'Seniorenstudium'. Jeder mag selbst herausfinden, was ihn im Alter glücklich macht. Eine elementare Voraussetzung ist und bleibt das Erleben von Zärtlichkeit, über deren Mangel so manche Aktivität hinweg täuschen kann, aber zu ersetzen ist sie nicht.

Nun gibt es eine große Zahl von Menschen, die allein leben müssen. Auch in ihnen besteht das tiefe Bedürfnis nach Zärtlichkeit, und meist finden sie dafür Substitute: Den Hund, die Katze, den Kanarienvogel, den Garten, die Blumen auf dem Balkon. Manchmal sind es auch die Enkel, die auf ihre kindliche Weise das Verlangen älterer Menschen nach aktiver und passiver Zärtlichkeit erfüllen.

Wer den Vorzug hat, auch im hohen Alter noch in einer Partnerschaft zu leben, kann durch die Wiederentdeckung einer vielleicht bislang vernachlässigten Zärtlichkeit seine Jahre nicht nur verlängern, sondern auch ein Glück verspüren, das diese gewonnenen Jahre mit zusätzlichem Leben erfüllt.

Richard Strauss war 84 Jahre alt, als er 'wandermüde' auf sein an Triumphen reiches, zuletzt aber von Sorgen und Krankheit gezeichnetes Leben zurückschaute. Zufällig entdeckte er das Gedicht 'Im Abendrot' von Eichendorff, dem nicht Resignation, sondern zufriedenes Abschiednehmen entströmt. Strauss vertonte die Verse zusammen mit drei weiteren Gedichten von Hermann Hesse. Das unvergleichliche Meisterwerk der 'Vier letzten Lieder' entstand, das er seiner geliebten Frau widmete.

Im Abendrot

Wir sind durch Not und Freude
gegangen Hand in Hand,

vom Wandern ruhen wir
nun überm stillen Land.

Rings sich die Täler neigen,
es dunkelt schon die Luft.

Zwei Lerchen nur noch steigen
nachtträumend in den Duft.

Tritt her und lass sie schwirren,
bald ist es Schlafenszeit,

dass wir uns nicht verirren
in dieser Einsamkeit.

Weiter, stiller Friede,
so tief im Abendrot,

wie sind wir wandermüde -
ist dies etwa der Tod ?

Bis dass der Tod uns scheidet...

Endet die Liebe, enden Liebesbedürfnis und Liebesfähigkeit mit dem Tod des Partners oder der Partnerin? – Der Überlebende bleibt zurück, ist nun allein – aber bedeutet das auch Einsamkeit? – Alleinsein heißt ja , es ist jetzt kein anderer für mich da, Einsamkeit dagegen, es gibt keinen anderen mehr für mich. Wenn eine Beziehung im engsten Sinn symbiotisch war, so bezog eben jeder von beiden seine Lebenskraft aus dem jeweils anderen; wenn einer stirbt, so verliert der andere Vitalität und Lebenssinn.

In der Praxis ist das häufig zu hören. Eine 70jährige Frau klagt, dass ihr Mann mit 78 nun »plötzlich und unerwartet« verstorben sei. Im Gespräch offenbart sich allerdings, dass der Verstorbene schon einige Jahre an einem inoperablen Bauchspeicheldrüsen-CA gelitten hatte, sein Ende war also absehbar. Es handelt sich mithin um eine Verdrängung, ja eine Verleugnung der Todesgewissheit, der jeder Mensch ausgesetzt ist. Unser Unbewusstes sei zutiefst überzeugt von seiner Unsterblichkeit, meinte Sigmund Freud sinngemäß, und auf dieser Überzeugung beruht ja auch der Totenkult, die feierliche Bestattung, die Anlage und Ausstattung des Grabes, die regelmäßige Grabpflege, die Grabbesuche an Geburts-, Hochzeits- und Feiertagen oder aus einem anderen persönlichen Bedürfnis.

Wir tun das, wie wir meinen, für den Verschiedenen, aber eigentlich tun wir es für uns selbst. Verbirgt sich dahinter nicht die magische Vorstellung, der Tote könne die liebevolle Sorgfalt um seine Grabstätte noch irgendwie wahrnehmen, eine Sorgfalt, die ja ihm, dem Verschiedenen gilt? – Oder steht das eigene Prestige der Angehörigen im Vordergrund, die wünschbare Wertschätzung nahe stehender oder auch fremder Friedhofsbesucher, die die würdige Anlage der Grabstätte bewundern? - Trauer äußert sich oft mit Tränen, die der Verstorbene freilich nicht mehr sehen kann.

Was hindert uns eigentlich am Eingeständnis, dass wir uns selbst beweinen, die wir durch den Verstorbenen allein gelassen wurden? – Trauer und Traurigkeit gelten uns, den Zurückgebliebenen, der Tote ist lediglich der Anlass dafür.

Nun gibt es eine Fülle von Reaktionen auf den Partnerverlust. In der Praxis begegnet man vorwiegend den pathologischen. Eine Frau berichtet, sie decke weiterhin Frühstücks-, Mittags- und Abendbrottisch jeweils für zwei Personen, also auch für ihren verstorbenen Mann, der für sie immer noch gegenwärtig sei. Eine andere erzählt, dass Kleider und Wäsche ihres verschiedenen Gatten seit Jahren noch im Schrank aufbewahrt sind, regelmäßig vor Motten geschützt und gelegentlich auch gereinigt würden. Wieder eine andere berichtet, früher habe sie gemeinsam mit ihrem Mann einen großen Bekanntenkreis gepflegt und sei häufig mit ihm ausgegangen. Seit seinem Tod vor zwei Jahren aber vermeide sie weitgehend jeden Kontakt, gehe kaum mehr aus dem Haus, denn das alles habe ja jetzt keinen Sinn mehr.

Und hier haben wir wieder die wichtige, aber gleichwohl oft recht spät gestellte Frage nach der Sinngebung eines Lebens. Die Kinder allein können es nicht sein, denn das Ziel gerade einer liebevollen Erziehung besteht ja darin, die Heranwachsenden für eine selbständige Existenz in eigener Verantwortung zu ertüchtigen. Auch eine noch so beglückende Partnerschaft kann es nicht sein, denn selbst sie ist nicht ungefährdet, sie kann auch in höherem Alter noch zerbrechen oder ein natürliches Ende durch den Tod eines der Beiden finden. Gewiss kann der Sinn meines Lebens auch nicht in der stoischen „ataraxia" liegen, der ‚Unberührbarkeit' und 'Unerschütterlichkeit' gegenüber allen persönlichen Enttäuschungen und Niederlagen. Sinn lässt sich letztlich nur in einem selber finden. Gesundheit, Wohlstand, vielseitige Interessen und eine erfüllende Partnerschaft sind wertvolle Bereicherungen. Doch sie allein begründen noch kein beständiges Glück. Wie sonst wäre zu verstehen, warum zahllose Menschen, denen es nach den Maßstäben einer entwickelten Industriegesellschaft äußerlich eher schlecht geht, dennoch von sich sagen, sie seien glücklich? – Das Geheimnis des Glücks liegt in der persönlichen Glücksfähigkeit und damit in der Lebenskunst.

Dazu gehört die weithin bekannte Fähigkeit, unangenehme Erfahrungen oder unglückliche Lebensabschnitte im Lauf der Jahre zu verdrängen. Sie tauchen wohl als ferne Erinnerungen dann und wann auf, aber ihr Leidenscharakter ist durch die vergangene Zeit und neue positive Eindrücke weitgehend kompensiert. Das gilt auch für eine durch Tod zerstörte Zweisamkeit. Keine Partnerschaft verläuft in vollkommener Harmonie, und das ist ja auch keine unabdingbare Voraussetzung für Glück. Der oder die Verstorbenen hatten ihre eigene Prägung, die sich nicht immer reibungslos mit den Wünschen und Vorstellungen der Hinterbliebenen vereinbaren ließ. Und so bewährt sich (wenigstens zunächst!) die gesellschaftlich verordnete alte Parole: »De mortuis nil nisi bene«, den Toten darf und soll man nur Gutes nachsagen, und dieses Gebot nährt sich aus einem geradezu magischen Appell des Gewissens: Denke daran, dass man auch dir nach deinem Tod Unangenehmes nachsagen könnte. Und dann die Idealisierung des Verstorbenen mit Selbstvorwürfen: Hast du nicht vielleicht einen lange unerkannten eigenen Anteil an seinen unangenehmen Seiten? Wäre nicht so mancher Konflikt mit ein bisschen mehr Empathie und Toleranz weniger virulent abgelaufen?

Das Gewissen meldet sich und damit eine Tendenz zur Idealisierung der Partnerschaft, keineswegs immer, aber eben doch sehr häufig. Sie gibt der persönlichen Trauer Nachdruck, aber kann sie auch ermäßigen, etwa durch die Vorstellung, was der oder die Verstorbene zum jetzigen Verhalten des oder der Hinterbliebenen sagen würde. Tiefe Trauer über einen herben persönlichen Verlust sagt ja auch etwas über die innige Verbundenheit zweier Menschen aus. Vielleicht hat man im bisherigen Leben manchmal einen trauernden Menschen trösten können – ist es nicht nahe liegend daran zu denken, dass auch ein verstorbener Mensch seine Hinterbliebenen getröstet sehen möchte? – Soll man wirklich alles aufgeben, was man in der Partnerschaft gemeinsam erlebte: Geselligkeit, Reisen, erfüllte Freizeit, Lebenslust? –

Natürlich bedarf es einer Neuorientierung des persönlichen Daseins, aber kann es im Sinn eines Verstorbenen sein, wenn der oder die Hinterbliebene Jahre und vielleicht sogar Jahrzehnte sich mit ausschließlich melancholischen Erinnerungen einengt. Warum nicht Besinnung auf gemeinsam erlebte Freude, auf die langjährige Wohltat der Gewöhnung aneinander und des Verständnisses füreinander?

Das Lebensziel der Menschen besteht seit Jahrtausenden unverändert in der Suche nach persönlichem Glück. Alle Philosophien und alle Religionen befassen sich damit und geben Anweisungen für ein weitgehend gelingendes, also glückliches Leben. Die Wege dazu sind allerdings so unterschiedlich wie die individuellen Fähigkeiten, Erwartungen und Bedürfnisse. Ratschläge bewirken wenig, wenn sie nicht mit einer Einübung in Lebenskunst einhergehen.

Der Philosoph Wilhelm Schmid schreibt: »Die Moderne ist die Epoche, die wie keine andere das Begehren nach Lust mit dem Leben identifiziert hat, ohne doch eine Kunst des Umgangs mit den Lüsten auszubilden. Sie hat den Traum vom universellen Glück genährt, vom guten Leben, das mit dem Wohlstand gleichgesetzt wird, vom Einssein des Einzelnen in einer Gemeinschaft, von der Aufhebung der Widersprüche, um nur noch für die Lust zu leben; ein wirkliches Arkadien, ein einziger Schauplatz des glückseligen Lebens. Das ist der Traum, den die bürgerliche, wie auch, als sie noch existierte, die sozialistische Welt geträumt hat«.

Die Annäherung an die Erfüllung dieses Traums scheint vielen Menschen an zureichende materielle Voraussetzungen gebunden – doch meist bleibt die erhoffte Zufriedenheit dennoch aus. Die Mehrheit muss sich allerdings mit Surrogaten von Glück begnügen angesichts eines Gefühls von wirtschaftlicher Erfolglosigkeit und sozialer Kälte. Für Theodor Adorno ist Kälte zum Grundprinzip unserer Gegenwart geworden, zur sinnlichen Erfahrung einer Gesellschaft isolierter und einander gleichgültiger Subjekte, die in der Selbsterhaltung ihren einzigen Lebenszweck sehen.

Nun wäre es zu billig, die moderne Gesellschaft und ihre Fehlentwicklungen anzuklagen, oder eine Politik, die sich mit ihren Parteien auf kommende Wahlerfolge orientiert, statt auf eine für alle wünschbare und durchaus realisierbare Zukunft. Eine kapitalistische, globalisierte

Wirtschaft wird schuldig gesprochen, die trotz immenser Geschäftserfolge Massenarbeitslosigkeit und private Überschuldung produziert. Kein Zweifel, dass solche Entwicklungen fatale Folgen für uns Einzelne haben, – Krankenkassen, Ärzte, Psychotherapeuten und Soziologen können davon berichten. Es geht um Existenzangst, Perspektivlosigkeit, Selbstausbeutung, um Unfähigkeit zur Muße, um die Illusion, Genuss und Glück allein im Wohlstand zu finden. Auch die Partnerbeziehung wird häufig mit Harmonievorstellungen belastet, die sich nicht erfüllen lassen. Ältere Paare erfahren das zuweilen besonders schmerzlich, falls es ihnen nicht gelingt, sich von illusorischen Glückserwartungen zu befreien und ihrer eigenen Realität positive Seiten abzugewinnen.

Der Philosoph Wilhelm Schmid ist bekannt geworden durch seine herausragenden Bücher zur Lebenskunst. Ein Missverständnis liegt nahe, nämlich das alles sei ein Plädoyer für Bescheidenheit und Verzicht, für Selbstzufriedenheit und Selbstgenügsamkeit. Das ist es selbstverständlich nicht. Es geht um nicht weniger als die Gestaltung unseres eigenen Lebens, um unser persönliches Glück, sei es nun in der Zweisamkeit solange wie möglich, aber eben auch allein. Das ist gewiss nicht unabhängig von unseren äußeren Lebensbedingungen, aber es liegt nicht allein darin. Lebenskunst wird bestimmt durch ein Bedenken der Endlichkeit, der Kürze unsres Daseins. Der unentrinnbare Tod ist das Ende unsres Lebens, aber wohl verstanden auch die Aufforderung, die begrenzte Lebenszeit zu erfüllen.

Einer von Montaignes ‚Essais‘ trägt die Überschrift: »Que philosopher c’est apprendre à mourir«, »Philosophieren heißt, sterben zu lernen«.

Und Montaigne schreibt: »Habt ihr euer Leben genutzt, so seid ihr gesättigt. Steht zufrieden auf und wandelt heim«. Das Bewusstsein des Todes sei also Appell und Ermutigung zugleich, sich der Freude am eigenen verbleibendem Leben zu vergewissern.

Das alles gelingt freilich nicht, wenn die persönlichen Lebensziele zu vordergründig sind, zu hoch hängen, den Menschen überfordern und in ständige Unruhe versetzen, sodass er sich betäuben muss. Viele Menschen besonders in den hoch industrialisierten Ländern hecheln Zielen nach, die sie nie erreichen werden, doch eine Illusion hält sie gefangen, im Kern die Illusion, das Leben ginge endlos weiter und das selbst hoch gesteckte Ziel sei eben doch eines Tages erreichbar. Das macht den wesentlichen Teil der Unruhe unserer Zeit aus, in der angeblich niemand Zeit hat. Das verursacht unser Bedürfnis nach Zerstreuung statt nach Sammlung. Es gibt mehr Hetze als Gelassenheit, und das verursacht den Sinnverlust, den die meisten Zeitgenossen kaum bemerken, es sei denn als Leerlauf und Langeweile.

Besorgte Stimmen charakterisieren unsere moderne Gesellschaft als ‚hedonistisch', also vorwiegend bestimmt von Lust und sinnlichem Genuss. Was wäre dagegen einzuwenden, läge darin nicht die von vielen Zeitgenossen bevorzugte suchtähnliche Kompensation von Enttäuschung und Versagung im Alltag, nicht zuletzt die Kompensation von tief empfundener Sinnlosigkeit? – Doch erst die wohl dosierte Begrenzung von Lust und Genuss hält ja den Wunsch nach ihrer Wiederholung wach. Das beliebig Verfügbare verliert alsbald seinen Charakter als Objekt der Lüste, und deshalb plädiert Lebenskunst für ein Maßhalten im Genuss.

Es leuchtet ein, dass es sich um Möglichkeiten einer

Verdrängung unserer Endlichkeit handelt. Und das gilt gewiss auch für die Somatisierung, also die überwiegende Körperorientierung unserer Lebensweise, die eingeengte, durch schier endlose Diätempfehlungen beeinträchtigte Essenfreude, die gut gemeinte, aber einseitige Propagierung von Fitness und Wellness. Eine der törichtsten Ausgeburten der Werbeindustrie ist der Begriff ‚Anti-Aging’, mit dem man u.a. Crèmes gegen Falten empfiehlt. Altwerden kann als Verhängnis oder als Reifeprozess erlebt werden, verleugnen lässt es sich allerdings dauerhaft nicht. Aber solche Propagierungen sind ja die Folge eines weit verbreiteten Jugendlichkeitswahns, der das unausweichliche Altern nicht wahrnehmen will, und gerade deshalb ist er ja letztlich zum Scheitern verurteilt.

Alle Verdrängungsversuche unserer endlichen Existenz sind Illusion. Das Motiv dieser Verdrängung erklärt sich aus dem menschlichen Bedürfnis, Unangenehmes von sich weg zu schieben, um die ohnehin immer bedrohte Balance unseres Lebensgefühls nicht zusätzlich zu gefährden. Die Gewissheit seines Todes ist die größte Provokation, der sich ein Mensch ausgesetzt sieht, was liegt da näher, als diese Gewissheit zu verdrängen oder gar zu verleugnen?

Die griechische Stoa empfiehlt, einen gelassenen Umgang mit dem Tod einzuüben. In Senecas Briefen an Lucilius heißt es : »Übe dich täglich darin, mit Gleichmut das Leben verlassen zu können«. Man darf vermuten, dass ein Leben ‚sub specie mortis’, also in der Gewissheit des Todes, vielen Menschen unzumutbar, ja völlig weltfremd erscheint. Sterben und Tod wurden ja, wenigstens in unseren Städten, aus dem Alltag hygienisch entfernt und an Hospitäler und Hospize delegiert.

Das Ableben eines Familienangehörigen vollzieht sich ja immer seltener in der Familie. Kinder machen ihre erste Todeserfahrung heute eher beim Sterben eines Goldfisches oder eines geliebten Haustiers, nicht aber beim Tod des Großvaters. Gewiss sollte kein Kind genötigt werden, dabei zu sein – aber ist nicht auch diese als Rücksichtnahme beschönigte Vermeidung eigentlich eine Verdrängung des Todes als natürlichem Ereignis?

Mit der Gewissheit der eigenen Endlichkeit geht auch eine andere einher, die Gewissheit vom Ende jeder noch so langjährigen und erfüllenden Partnerschaft. Viele alt gewordene Paare verdrängen das und beschränken sich auf juristische Akte wie etwa ein Testament oder eine Patientenvollmacht. Was nach dem Tod eines Menschen bleibt, sind zunächst Erinnerungen, Bilder, mannigfache Andenken. Woher kommt es aber, dass wir einem verstorbenen Lebenspartner meist ein überwiegend positives Gedächtnis bewahren? – Es hat seinen Grund zunächst in dem schon zitierten Gebot »De mortuis nil nisi bene«, und das ist nichts anderes als die psychologisch sinnvolle Aufforderung, alles Unangenehme der Partnerschaft und am verblichenen Partner zu verdrängen. Darüber hinaus aber bietet uns diese Idealisierung auch die Chance, eigene Versäumnisse und Lieblosigkeiten zu verharmlosen oder ganz zu vergessen in der Erwartung, so könnten auch die Hinterbliebenen nach unserem eigenen Tod verfahren.

Freilich kann sich auch unser Gewissen melden, doch die menschliche Psyche ist überwiegend so beschaffen, dass wir die Defizite unseres eigenen Verhaltens entweder verharmlosen oder ganz der Vergessenheit überantworten.

Aber ist ein solch positiv erinnertes Partnerbild nicht auch hilfreich für eine gelingende Trauerarbeit? Wie wunderbar, wenn sich Dankbarkeit einstellt für gemeinsam verbrachte Jahre, für Zuneigung und Liebe, Fürsorge und Lebensfreude.

Trauerarbeit kann und sollte, wie jede Arbeit, ein Ende finden, und das gilt für das Ende einer Partnerschaft durch Trennung oder Scheidung, aber ganz besonders bei Verlust durch den Tod. Viele ältere Menschen wagen eine neue Verbindung, obgleich auch heute noch dazu offenbar sehr viel Selbstvertrauen gehört. Es wurde schon erwähnt: Die neue Partnerschaft eines alten Mannes mit einer wesentlich jüngeren Frau wird von der Gesellschaft eher mit Anerkennung registriert, die gleiche Zuwendung einer älteren Frau zu einem jungen Mann eher mit Verdächtigungen.

Es gibt eine Menge von Hinweisen, wie befremdet und abwertend die Öffentlichkeit Erotik oder gar Sexualität älterer Menschen betrachtet. Ein 78jähriger Altenheimbewohner wendet sich irritiert an eine Beratungsstelle. Es habe sich eine engere Beziehung mit einer Dame im Heim ergeben, man besuche sich gegenseitig in den eigenen Zimmern und schließe dann die Türen ab, um nicht gestört zu werden. Darüber nun habe sich eine Mitbewohnerin bei der Heimleitung beschwert, denn es handele sich offenbar um ein »unsittliches Verhältnis«, das man nicht zulassen dürfe. Die Oberin des Hauses bestellte den Herrn zu sich und machte ihm Vorhaltungen, sein ungebührliches Betragen unverzüglich einzustellen. Im Übrigen seien doch beide Heiminsassen verwitwet und sollten sich lieber dem Andenken ihrer verstorbenen Lebenspartner widmen. - Ein Einzelfall? – Man darf das wohl bezweifeln.

Eine neue Partnerschaft auch im vorgerückten Alter ist eine ganz persönliche Entscheidung, die Respekt verdient. Niemand sollte sich durch Vorurteile der Gesellschaft an einem solchen Entschluss hindern lassen, wenn er dem Liebespaar Gewinn an Lebenssinn und Lebensfreude bietet. Wieso sollte man für die letzte Lebensstrecke nach reicher Erfahrung nicht einen Neubeginn wagen dürfen?

Dass aber sind nicht sehr häufige Glücksfälle. Für die meisten älteren Paare bleibt die sich gegenseitig gegebene Absichtserklärung »Bis dass der Tod uns scheidet« bestimmend. Sie bezieht sich auf die gegenseitige Treue und gilt für die gemeinsam verbrachten Jahre oder Jahrzehnte, doch nicht unbedingt danach.

Dass man über den Tod hinaus seinem Partner oder seiner Partnerin verbunden bleiben möchte, ist zunächst nichts weiter als ein Vorsatz, aber es kann eben auch ein starkes und beglückendes Gefühl sein. Thomas Mann hat es am 70. Geburtstag seiner Frau Katja so ausgedrückt: »Der dunkle Engel, der die Hände löst und jeden ins Alleinsein mit seinem Nichtsein weist, hat er wirklich in jedem Fall Gebot und Macht, so zu tun? Ich glaube es nicht. Gerade diese Tage ihres Altersfestes, und was ihr an Dank, Bewunderung, Ehrerbietung dabei zuströmt, lässt mich gläubig zweifeln an des Engels Vermögen. . .Wir werden zusammen bleiben, Hand in Hand, auch im Schattenreich«. Das mag für einen unbefangenen Leser ergreifend klingen, aber es gibt einen entlarvenden Nachsatz: »Wenn irgendein Nachleben mir, der Essenz meines Seins, meinem Werk beschieden ist, so wird sie mit mir leben, mir zur Seite; solange Menschen meiner Gedenken, wird ihrer gedacht sein«.

Entlarvend? – In zweifellos schönen Worten sagt der selbstbewusste Egozentriker Thomas Mann nicht anderes, als dass seine Frau Katja durch ihn, und nur durch ihn, fortleben werde.

Und dennoch: Wenn der Tod einen der beiden Partner ergreift, bleibt der Hinterbliebene in den meisten Fällen allein zurück. Aber einsam muss er deshalb nicht werden. Manchmal ereignet sich die Freude einer späten und neu erfüllenden Partnerschaft, doch nahezu immer kann eine Fülle glückhafter Erinnerungen an die gelebte und jetzt nur unterbrochene Zweisamkeit die Qualität der verbleibenden Jahre bestimmen. Das ist es, was Thomas Mann in seiner Geburtstagsrede für seine Frau ausdrückt: »Wir werden zusammen bleiben, Hand in Hand, auch im Schattenreich«. Eine Illusion? – Niemand weiß es. Aber Lieben in Alter kann auch die Erinnerung an Liebe sein, ohne die der Baum unseres Lebens verdorren müsste.

Lieben als Herausforderung

Zweierlei mag dem Leser bisher als eher befremdlich aufgefallen sein: der vielleicht einseitig erscheinende Akzent auf Altersexualität und das Vermeiden von Ratschlägen für alternsgerechtes Verhalten.

Eros ist ja nicht der Gott der Sexualität, sondern der Liebe, Erotik nicht auf Jugend und Reifealter beschränkt, sie prägt vielmehr in mannigfacher Gestalt unser gesamtes Leben bis ins hohe Alter, begleitet wie der Gott Eros von Pothos und Himeros, von Sehnsucht und Verlangen. Langjährige Therapieerfahrung mahnt mich zur Zurückhaltung mit Ratschlägen und Empfehlungen, nicht aber vor der Preisgabe eigener Überlegungen.

Mir scheint, dass sich im Alter häufig ein Rückfall in den Narzissmus der frühen Kindheit ereignet. Beim Kleinkind ist primärer Narzissmus bedeutsam und notwendig für Überleben und Entwicklung, im Alter dagegen wirkt sich eine solche Regression eher belastend für den Umgang mit anderen, vor allem aber für eine Partnerschaft aus. Das eigene Wohlbefinden steht dann im Vordergrund und wird zum verbindlichen Maßstab für die Umwelt. Klagen über kleinere oder auch größere Missempfindungen und Krankheiten beherrschen Alltag und Gespräche, persönliche, wenn auch fragwürdige Meinungen werden als verbindlich erklärt.

Die an sich lebenswichtige Selbstliebe degeneriert zum Altersegoismus und zur Selbstüberschätzung. Gerade in einer Partnerschaft kann das sadistische Züge annehmen, nämlich die Bevormundung und Ausnutzung des oder der Anderen. Doch auch das Gegenteil ist möglich. Der oder die Gegängelte und Unterdrückte unterwirft sich geradezu masochistisch im täglichen Konflikt, fügt sich und gibt damit die Chance selbstbestimmten Alterns resignierend auf.

Erträgliches und sinnerfülltes Altern fordert aber zunächst Kritik gegenüber dem eigenen und deshalb so nahe liegenden und kurzsichtigen Narzissmus. Nehmen denn nicht beide Partner ihre körperlichen Defizite wahr, die unvermeidlichen Veränderungen im Altern, gewisse schrullige gewordene Gewohnheiten, beharrliche Ansichten und starre Vorurteile? – Wenn ich die mir auffälligen Altersmodifikationen meiner Partners oder meiner Partnerin wahrnehme, fordert mich das nicht geradezu auf, nun auch meine eigenen kritisch in den Blick zu nehmen? - Und falls ich bereit bin, dem oder der Anderen altersbedingte Veränderungen zuzugestehen, kann ich nicht dann auch erwarten, dass mir die meinigen milde nachgesehen werden? - Gegenseitiges Verständnis macht frei, und damit sind wir bei der Empathie, der Einfühlung in den schon so lange Zeit mit einem Verbundenen. Gewiss ist der oder die nicht fehlerfrei und deshalb muss auch ich es nicht sein. Empathie kann Freiheit erzeugen, denn nur wenn ich die mir nicht angenehmen Eigenheiten des Anderen zu verstehen bereit bin, darf ich auf Verständnis für meine eigenen hoffen.

Lieben ist ein vieldeutiger Begriff und kann sich auf höchst Unterschiedliches beziehen, auf Menschen, aber auch auf Tiere, auf das Vaterland, auf Briefmarken, Topfpflanzen, auf Literatur und Musik. Liebe zu einem Menschen sollte nicht verkürzt werden auf eine Eigenschaft, etwa auf Schönheit, Intelligenz, Wohlstand, soziale Kompetenz, denn all das unterliegt der Veränderung, teils auf natürlichem Weg, teils durch schwer beeinflussbare Umstände. Liebe kann nur der gesamten

Persönlichkeit gelten, dem ganzen Menschen, und das eben auch trotz aller Modifikationen durch den Alterungsprozess. Darin besteht die eigentliche Herausforderung: Ich liebe diesen anderen Menschen nicht ausschließlich wegen seiner Vorzüge, sondern trotz seiner altersbedingten Veränderungen. Wenn wir sie genauer betrachten, sind die meisten dieser ‚Veränderungen‘ nichts anderes als Verstärkung der Eigenschaften, die der oder die Kritisierte immer schon besessen hat. Ist mir das eigentlich früher, in den als glücklich empfundenen Zeiten, gar nicht aufgefallen? Ausgeprägtes Selbstbewusstsein kann sich zu Selbstgerechtigkeit entwickeln, großzügiges Verhalten zu Verantwortungslosigkeit, Ordnungsliebe zu Starrsinn, Intelligenz zu Überheblichkeit, Liebe zu Anklammern und Vereinnahmung.

Manche Paare kennzeichnet eine Tendenz zu Isolierung in geradezu ängstlich getönte Zweisamkeit. Auch hier lässt sich häufig die Regression in eine enge Symbiose wie zwischen Mutter und Kleinkind beobachten. Nicht selten äußert sich das auch in der Umgangssprache, nämlich wenn die beiden Ehepartner sich als „Vater" und „Mutter" ansprechen. Erfüllte Partnerschaft aber erkennt die Eigenständigkeit und damit auch die Eigenart des oder der Anderen an, es geht nicht um Verschmelzung, sondern um liebevollen Respekt auch gegenüber einem Verhalten, das den eigenen idealisierten Wunschvorstellungen nicht entspricht. Das ist die eigentliche Herausforderung besonders in einer alternden Partnerschaft. Und das bedingt ein dem Menschen nicht angeborenes Maß von Toleranz.

‚Eros der späten Jahre‘ und damit Glücksfähigkeit auch noch im Alter setzt persönliche Reife voraus, die einem nicht zufliegt, sondern die erworben werden muss. Nichts anderes meinte der Psychoanalytiker Erich Fromm, als er seinen 1956 erschienenen Bestseller »»Die Kunst des Liebens« (Manesse) nannte. Denn dann erst erhält der alte lateinische Glückwunsch, so oft gedankenlos gebraucht, einen tieferen Sinn: »Ad multos annos!«

Literaturauswahl

Allensbach Archiv: Älter ist noch nicht alt (1988);

Arnau, Frank: Flucht in den Sex
(Rütten und Loening, 1967);

Baltes / Kohli / Sames: Erfolgreiches Altern
(Hans Huber, 1989);

Bartholomäus, Wolfgang: Glut der Begierde - Sprache der Liebe
(Kösel, 1987);

Beauvoir, Simone de: Das Alter (Rowohlt, 1972);

Birren, James E.: Altern als psychologischer Prozeß
(Lambertus, 1974);

Borchert, Manfred (Hg.): Älter werden - Lust oder Last?
(Wien, 1991);

Brocher, Tobias: Stufen des Lebens (Kreuz Verlag, 1976);

Brocher, Tobias: Von der Schwierigkeit zu lieben
(Kreuz Verlag, 1977);

Butler, Robert: Why survive? Being old in America
(Harper & Row,1975);

Cicero, Marcus Tullius: Cato d.Ä. über das Alter (dtv, 1983);

Cyran / Halhuber: Erotik und Sexualität im Alter
(G. Fischer, 1992);

Daimler, Renate: Verschwiegene Lust (Kiepenheuer);

Denzler, Georg: Die verbotene Lust (Piper, 1988);

Freud, Sigmund: Sexualleben (S.Fischer);

Fromm, Erich: Die Kunst des Liebens (Manesse, 1993);

Glaser Hermann, Freud (Hanser 1976);

Haeberle, E.J.: Die Sexualität des Menschen
(de Gruyter, 1985);

Hessing, Jakob: Der Fluch des Propheten
(Daedalus, 1989);

Hite, Shere: Hite Report (Bertelsmann, 1977);

Jünger, Ernst: Zahlen und Götter - Philemon und Baucis
(Stuttgart 1974);

Kastenbaum, Robert: Leben im Alter (Beltz, 1986);

Laing, Ronald D.: Das geteilte Selbst (dtv 1987);

Lebert, Norbert: Alte Sünder leben länger (Lübbe 1972);

Lehr, Ursula: Psychologie des Alterns
(Quelle und Meyer , 1972);

Lidz, Theodor: Das menschliche Leben (Suhrkamp, 1968);

Miller, Henry: Insomnia oder die schönen Torheiten des Alters
(Rowohlt 1977);

Ohlmeier, Dieter: Psychoanalytische Entwicklungspsychologie
(Rombach, 1973);

Pfürtner, Stephan H.: Kirche und Sexualität
(Rowohlt ,1972);

Platt, Dieter (Hg.): Handbuch der Gerontologie Bd.5
(G.Fischer, 1989)

Rosenmayr, Leopold: Die späte Freiheit
(Severin und Siedler, 1983);

Rosenmayr, Leopold: Die Kräfte des Alters
(Wiener Journal 1990);

Schneider, Wolf: Die Sieger (Gruner und Jahr, 1992);

Sigusch, Volkmar: Sexualität und Medizin
(Kiepenheuer, 1979);

Starr / Weiner: Liebe im Alter (Scherz, 1998);

Starr/Weiner: Liebe und Sexualität in reiferen Jahren
(Scherz, 1981)

Sydow, Kirsten von: Die Lust auf Liebe bei älteren Menschen
(Ernst Reinhardt, 1992);

Theissen, Anna: Untersuchungen zum Selbstbild älterer Menschen (Diss. Bonn);

Tümmers, Hannelore: Sexualität im Alter
(Böhlau Verlag, 1976);

Zum Autor:

Heinrich Kalbfuss, geb. 1927, studierte in Bonn und Saarbrücken Religionswissenschaften, Philosophie und Psychologie.

Er war langjähriger Mitarbeiter verschiedener Rundfunk- und Fernsehanstalten und produzierte zahlreiche Hörfunksendungen sowie FS-Reportagen vor allem aus Osteuropa und Lateinamerika.

Nach psychotherapeutischer Weiterbildung eröffnete er eine eigene Praxis in Saarbrücken mit Spezialisierung auf Psychosomatik.

Mehrere Buchveröffentlichungen, darunter:

»Lebenskonflikte in der Leistungsgesellschaft« (Herder)

»Anleitung zum Glücklichsein« (Europa Verlag),

»Bluffologie« (Langen Müller)

»Miteinander-Gegeneinander« (Beltz).

»Von Gott und der Welt« Band I und II (hg. Volkshochschule Saarbrücken)